為什麼不能一直印鈔票？

英國央行經濟學家用10個日常問題，解答你對經濟現況的疑惑

Can't We Just Print More Money?

Economics in Ten Simple Questions

英格蘭銀行／魯帕・帕特爾／傑克・敏寧——著
許可欣——譯

目錄 CONTENTS

序言

為我們解決最大問題的學科

英國央行行長

我就讀中學時是在一九七〇年代，那時全球經濟並不景氣，記得一週有三天要點蠟燭寫作業，還經歷通貨膨脹（簡稱「通膨」）率超過二〇％的影響。當時讓我留下長久的印象，讓我敏銳注意到經濟學對人們生活的影響。

現在你知道我大力提倡經濟學知識，也不會太驚訝了。即使對經濟學有較為基礎的了解也很有用，一方面，經濟學可以幫助你更能理解新聞，無論是解譯GDP和QE這種縮寫，或是解釋經濟成長或衰退的原因。更廣泛來說，經濟學是一項工具，能幫助你做出更好的決定，不管是關於金錢或幾乎任何事情。如果更深入挖掘，經濟學是非常令人著迷又有趣的學科（我當然會這麼說……）。

因此我想要撰寫本書；這對英格蘭銀行（Bank of England）來說是第一次，本書和銀行過去三百年發行的書籍大相逕庭。首先，本書只有一個公式，那是一個相當簡單的公式，其中的字母和一個單字的字數差不多。但是本書並非毫無來由，採用人們能輕易理解的方式，努力解釋我們的工作，更概括地解釋經濟運作。

舉例來說，我們現在用更簡短、更容易理解的格式，使用日常的語言和簡單的圖表，製作各種版本的重點報告，例如有關英國經濟表現的季度摘要。我們也在網站上設置「知識銀行」(Knowledge Bank),介紹有關貨幣、銀行、通膨和利率等知識。事實證明,它很受歡迎,點閱率比網站上其他部分都來得高。如果你喜歡本書,強烈建議你也去看看。

不是每個人都會定期瀏覽英格蘭銀行的網站,或是急切地等待季度經濟報告發布,所以我們一直努力用其他方式接觸大眾。銀行副行長和我經常到全國各地,參與任何人都能參加的公民座談小組,之所以舉辦這些活動,是為了第一手聽到人們在經濟各方面的經驗,從生活花費到尋找工作的難易度。我們在活動中解釋決策的原因,人們能盡情詢問任何和我們工作有關的事。除了這些活動外,我們也和英國各地慈善機構舉辦社區論壇,幫助理解機構援助的人們因為經濟受到什麼影響。

本書是英格蘭銀行傳播經濟學知識的最新嘗試。在過去幾年,我們制定一套廣泛的教育計畫,向年輕人介紹財務管理的基本知識,以及重要的經濟學概念,也派出五百位銀行同仁到英國各地的學校演說,討論各種議題,包括銀行的工作,還有他們自己的職涯。在本書中,我們汲取教育計畫裡的經驗,製作一個簡單易懂的基礎經濟學一站式指南。

我也努力定期到學校演講,下次再出門時會帶著本書同行。希望有些學生已經看過了：我們計劃各寄一本給全國公立學校。如果他們看過了，我希望他們已經發現，經濟學是一門能幫助我們理解周遭世界、幫助我們解決面前最大問題的學科，從貧困到氣候變化都包含在內。誰知道呢？它可能會鼓勵一、兩個人考慮更詳細研究，有一天，他們可能在英格蘭銀行與魯帕爾、傑克和我並肩工作。

我一直覺得，銀行的工作給予獨特的機會，能利用經濟學「促進英國人民的福祉」，正如我們頗為宏偉的使命宣言所述。因為我們獨特的角色，以及伴隨的責任，我很高興本行出版了這本書。我們非常感謝魯帕爾和傑克，還有數十位一起進行這項計畫的同事，他們用有趣又內容豐富的方式介紹這門學科——儘管常常遭到嘲笑，尤其在事情不如預期時，但我相信本書有助於讓世界變得更好，希望你在閱讀後，就能明白原因。

英格蘭銀行（英國央行）行長
安德魯．貝利（Andrew Bailey）

前言

從買咖啡到出國換錢的經濟學

每個人的午餐決定如何影響世界經濟發展？市場如何協調上百萬的個人決定？經濟學又可以幫忙解決哪些問題？

英格蘭銀行看似是令人生畏的地方，座落於倫敦市中心的針線街（Threadneedle Street），建築裝飾著古典圓柱、精雕細琢的石雕和華麗的雕像，宏偉的前門給人堡壘的感覺；巨大的銅門經常有保全人員在兩側駐守，像是為了阻止路人進入。

三個多世紀以來，這家銀行一直矗立在這裡，象徵英格蘭（與後來的英國）的經濟體系。儘管如此，英格蘭銀行總部和其他辦公室沒有兩樣，每個工作天的早上，數百個略顯書呆子樣貌的經濟學家和他們的同事，都會經過那扇雄偉的大門；每天午餐時間，這些銀行員工也會像全球其他白領職員，排隊出外活動筋骨，逃離螢幕，找東西吃。

如果在午休時跟蹤那些飢餓的經濟學家，你會發現經濟學不僅是英格蘭銀行內部的事，它無所不在。先從吃什麼開始，在倫敦金融城中有五百多家咖啡廳、餐廳和外賣店，供應各式各樣的食物，包括日式壽司、義大利開胃菜、中東小吃，還有傳統的英式炸魚薯條。[1]但是誰能決定要供應什麼？店長怎麼知道賣甜甜圈還是杯子蛋糕比較好？為什麼一條街上有十幾家咖啡廳，卻只有一個地方賣鰻魚凍？

答案從決定開始，上千萬尋找午餐的人做出的所有個人決定。我們飢餓的經濟學家決定選擇划算的一餐，然後前往最近的超市，而不是附近更時尚、更昂貴的手工麵包店。這看來似乎是平凡的選擇，但背後是如何最好花費時間和金錢的經濟決定，其中考慮到個人偏好與預算限制。

排隊付錢買三明治和洋芋片時（經濟學的第一個規則是：天下沒有白吃的午餐），我們的經濟學家花了一秒，思考餐點如何達到超市貨架上。必須有人種植小麥來做麵包，然後要運送到工廠，工人將穀物烘烤成麵包，麵包再夾上其他材料（許多來自海外），做成三明治，接著放入盒子（可能由完全不同的工廠製作），最後運往超市。

換句話說，上百個（或許上千個人）的行為和互動，都涉及製作經濟學家三明治的過程，而參與其中的人或公司，不太可能是為了確保我們的經濟學家有一頓美味的午餐，這就是經濟學家所說的市場力量。市場有辦法協調數百萬的個人決定，來獲得一個至少在理論上適合每個人的決定。結果是：三明治在需要的時候被送到超市。

離開超市後，我們的經濟學家開始尋找令人愉快的用餐地點。或許坐在河邊？往南朝著泰晤士河走去，隨意坐在長凳上，看著河水奔流。今天水位看起來特別高，可能是漲潮了，但是我們的經濟學家也知道，總體來說，泰晤士河的水位比以往任何時候都來得高。從英格蘭銀行在一六九四年成立以來，河水的高水位已經上升一．五公尺，[2]全球海平面上升意味著這種模式還會繼續下去。

這是經濟學家得到三明治時，出現的負面力量。在這種情況下，數十億人累積的決定無法帶來正面結果（食物準時送達），而是負面的（氣候變化）。經濟學能幫助我們理解導致這種情況的力量，以及我們應該如何因應。

吃完飯後，我們的經濟學家決定沿著河邊散步，向東穿過倫敦塔和塔橋，直到發現自己進入倫敦的碼頭區。僅僅數十年前，這些碼頭還是一片繁榮的景象，有數千名工人在這裡忙著裝卸貨，用堆高機將箱子從一個地方搬到另一個地方。在二十世紀的大部分時間裡，這種工業中心是經濟成長的引擎之一，讓英國經濟生產的產品數量急劇增加。碼頭、碼頭工人的勞動及其使用的技術，三者結合以擴大經濟規模的方式，是經濟學的重大主題之一。

加上利物浦、貝爾法斯特（Belfast）和卡地夫（Cardif）的碼頭，這些碼頭讓英國成為世界商業中心，將鋼鐵、煤炭、汽車及機械零件送到全球各個城市，範圍從加爾各答到坎培拉。然而今日這些碼頭已比以往安靜許多，多數倉庫都改造為時髦的餐廳和辦公室。為什麼英國過去向世界各地送出這麼多貨物？為什麼今日出口的成品相對較少，而大部分T恤和水果都從海外輸入？貿易經濟學及「比較利益」（Comparative Advantage）原則，都有助於解釋這個難題。

差不多是時候返回工作崗位了，但在走回辦公室之前，我們的經濟學家決定來點咖啡因，停在自動販賣機前買咖啡，但不需要在口袋裡翻找硬幣付錢，只要點擊手機即可。我們的經濟學家花了一秒驚嘆這個事實，有人願意放棄一件花費時間和精力生產的實物，交換像絕地（Jedi）武士般揮舞手機。這種數位魔法和古老的硬幣、紙鈔，甚至是英格蘭銀行金庫裡的金條有什麼關係？貨幣的本質是隱藏在日常生活中最大的經濟問題。

轉身走回辦公桌前，我們的經濟學家沿著河流往東看去，地平線上是倫敦東部金絲雀碼頭（Canary Wharf）的摩天大樓建築群，上面有一些世界最大銀行的標誌。幾乎每個有銀行帳戶的人都認得這些名字，甚至沒有帳戶的人也能認得，它們出現在全國各地的大街上，是我們信任的機構，負責打理我們辛苦賺來的收入存款，當我們需要辦理貸款或為業務借款時就會去找它們。它們也創造日常生活中使用的絕大部分貨幣——大多數經手這些貨幣的人甚至沒有意識到這一點。

當我們的經濟學家漫步走回辦公室，思緒轉向即將到來的下午。英格蘭銀行的決策小組將於今日決定是否要調整利率，這個決定將對經濟學家午餐散步時經過的每個人都產生影響，可能改變存款能產生多少利息、貸款的成本，甚至是下次度假時的匯率。然而許多人不知道這個決定是如何做出，也不知道它以多種方式影響自己。

就在他們回到銀行前，我們的經濟學家遇到學校的朋友，發現對方就在附近工作。他們好幾年沒見，談論天氣、社交計畫及經濟學家在銀行的工作。臨別前，朋友問了經濟學家最後一個問題：「我一直不懂你們為什麼不能多印一點鈔票？」我們的經濟學家心想，他們沒有時間討論這個問題，還得去開會，或許應該有人寫書解釋答案。

經濟學和你想的不一樣

經濟學家的朋友不知道為什麼不能無止盡地印鈔票，這是可以理解的。經濟學影響我們生活中的每一天，每次你選擇要不要工作、及時行樂，還是為了日後存錢、出去吃飯或在家做飯，都是在做經濟決策。全球貿易、稅收和政府支出等強大的經濟力量，幾乎影響生活的每個面向，然而大多數人依然不知道經濟學究竟是什麼。

經濟學的狹義定義是：它是對稀少性的研究，我們如何最好分配周圍有限的事物，無論是土地、人或時間；較廣泛定義則是，它是一切：人類每天數十億個決策的累積效果，以及他們與世界上其他事物互動的方式。事實上，經濟學介於兩者之間。至少早在古希臘時期，人們就試著透過組織物品來理解周圍的世界。事實上，經濟學（economics）這個詞彙來自希臘語「家戶管理」，包括代表家庭的「eco」與代表帳目的「nomos」。這種對組織事物和日常生活聯繫的關注是經濟學的核心：我們如何花費時間、精力和金錢，以及這些元素如何彼此互動、如何與周圍的世界互動。

很久很久以前，經濟學科就一直遊走於微妙的分界線上，一邊僅關注我們如何分配這些資源；另一邊則是社會如何運作的大哉問，甚至是它應該如何運作的問題。亞里斯多德（Aristotle）從組織事物的角度書寫經濟學，但是也探討倫理面，談到人們應該以「公平價格」（just price）交易，並探討金錢在道德上是壞事的概念。他認為，經濟學是一種自然的追求，是人們實現優秀、良善本質的重要部分。近兩千年後，現代經濟學之父亞當·斯密（Adam Smith）寫下這門學科的基礎著作《國富論》（*The Wealth of Nations*）。他認為，當人們追隨赤裸裸的自我利益，即可有效利用資源，讓所有人變得更好。不過，斯密也關注經濟的道德層面。[3]幾年前，他寫了一本同樣重要但較不有名的著作《道德情操論》（*The Theory of Moral Sentiments*），強調他經濟學觀點核心中的道德和社會問題。

這些經濟學的對立觀點——狹隘地聚焦於資源分配，以及廣泛地理解社會運作，長期以來一直是經濟學家爭論的問題。二十世紀最有影響力的思想家約翰．梅納德．凱因斯（John Maynard Keynes）曾說，經濟學大師必須讓「人類的本質或制度的任何部分……都在他的考慮範圍之外。」[4]最近，劍橋大學（University of Cambridge）經濟學家黛安．科伊爾（Diane Coyle）指出，經濟學背後有一個隱含、不可避免的道德架構，尤其是在討論制定經濟政策時。[5]

這種更廣泛的經濟學觀點考慮一項事實，經濟學不是在真空中運行，如何以「最好」的方式分配擁有的事物，這類決策需要價值判斷——取決於我們想達成什麼樣的社會。經濟學可以為這個決策提供依據，這表示它與更廣泛的政治和社會問題有內在的聯繫，簡言之，它是一門社會科學。

歷史上的某些時候，經濟學家會試著強調「科學」部分。十九世紀晚期，曾指導凱因斯的經濟學家阿爾弗瑞德・馬歇爾（Alfred Marshall），開始主導經濟學的形式化，他希望這門學科更像一門硬科學，不再只是哲學和道德的辯論。[6]經濟學家開始建構充滿方程式的數學模型，試圖提煉出人們決定與互動的方式——這種觀點更像是物理學，而非心理學或社會學。在某些地方，經濟學成為名副其實的火箭科學：經濟學家借用原本用於彈道導彈導航系統的建模技術。[7]然而或許值得注意的是，在馬歇爾的職涯結束前，最多將數學視為經濟學中的一種工具；認為應該謹慎使用數學，在最糟的情況下，它可能成為經濟學家的障礙。然而，他開創的經濟學形式化仍持續不斷，並在往後一個世紀成為主流。

不過最近經濟學變得更廣泛多樣，諸如行為經濟學等領域已與其他學科建立聯繫——指出人們不是冰冷理性的計算，如果要理解他們的經濟行為，就必須研究他們的內心思想。今日，經濟學家開始結合社會學、心理學，甚至生物學的想法，以求取對這門學科更完整的看法：將馬歇爾所追求的科學嚴謹性，和亞里斯多德及斯密的多元化精神相互結合。

這為經濟學帶來什麼？現代經濟學已分支為許多專業領域，經濟學家研究金融市場、貧窮、生態系，甚至是福祉和幸福，他們的研究觸及我們工作的方式和原因、我們花費什麼、製造什麼、如何與其他國家或周圍的自然資源互動。

與生活息息相關的經濟學

所以經濟學很重要，不只對坐在陰暗房間中搗弄數字的狂熱經濟學家重要，對你和周圍的所有人也很重要。大多數定義我們生活的大哉問，都是由經濟學決定的。無論你出生在富有或貧窮的國家，生活水準都由巨大的經濟力量決定。成長本身及其與氣候變遷的關係都建立在經濟學上，經濟學對日趨劇烈的氣候緊急狀況，能提出許多很好的解決方法，因此我們能以有效率又永續的方式利用有限資源。[8]

然而，還有一些較接近家庭的小問題。決定加薪幅度的原因是什麼？你每個月的錢可以花多久？你怎麼決定現在買東西，或是為了將來存錢？這些都是經濟學可以幫忙解答的問題。

這些都意味著，了解經濟學對你的生活會產生巨大影響。經濟學能讓你更快樂、更健康、更富有：已經證明經濟學可以改善平均餘命、心理健康和終生收入，這還只是其中幾項好處，是大多數人都能直覺理解的事物。在英國，超過八成的人認為經濟學與日常生活相關或非常相關。[9]他們懂了。事實上，拿起本書代表你可能也懂。

但是，還有一個不連貫的地方。人們知道他們應該理解經濟學，也想理解經濟學，然後並未這麼做。二〇二〇年的一項研究發現，一般人對失業率和通膨等基本經濟指標，如何蒐集與計算的方式知之甚少。[10]全球金融素養中心（Global Financial Literacy Excellence Center）的研究指出，全球只有三分之一的人具備基本金融知識，這種情況與金融包容性低、人們和周圍金融世界脫節等負面結果有關。[11]其他調查也指出，大多數民眾認為無法接觸到經濟學，即使有記者或政治家這樣專業的傳播者解釋也不行。[12]

經濟學家在這部分或許幫不上忙，他們依賴的抽象模型建立在聽來奇怪的假設基礎上，通常寫成複雜的數學公式，讓經濟學聽來就像異世界事物——脫離亞里斯多德感興趣的日常家戶管理。經濟學家也不一定是有能力的傳播者，英格蘭銀行前首席經濟學家安迪．霍爾丹（Andy Haldane）曾說：「擁有強大社交技巧的經濟學家在進行禮貌交談時，不會盯著自己的鞋，而是會盯著你的鞋。」[13]

在英格蘭銀行的我們，也經常犯下這種錯誤。英格蘭銀行成立於一六九四年，目的在於「促進人民的公共利益」，意即當時的英格蘭人民。[14]這些崇高的理想被寫入最初的創立章程，聽來比「幫助國王資助抗法戰爭」會好一些，雖然後者更為誠實，[15]這個存在的理由（前者，而非後者）至今仍是銀行的宗旨。

然而在歷史的大部分時間裡，英格蘭銀行既是英國經濟不可或缺的一部分，對大多數人的經濟生活來說，卻是模糊又遙遠的。一位臭名昭彰的前行長曾說，銀行應該「絕不道歉、永不解釋」[16]（這並非促進了解經濟學的理想方式），在此之後，英格蘭銀行有時會使用難以理解的符號訊息與少數知情者溝通。在倫敦金融城裡，有些人甚至宣稱可以藉由觀看行長的眉毛動作，判讀經濟將會發生什麼事。

在這些時候，我們的核心行員或許沒有盡到確立已久的職責。為了有效達成三個世紀以來的目標，我們必須接觸服務的對象，而且不能只是透過眉毛運動。那表示我們要抬起頭，用大眾的詞彙說話，用他們認為有用的方式溝通。

近年來，英格蘭銀行試著用更簡單的方式解釋政策決定，也試著對大眾進行經濟學教育：擴大服務範圍到學校裡，發展與經濟學相關的線上資源，甚至和《歡鬧》（*Beano*）

漫畫合作，用有趣的方式讓兒童（及一些成年人）接觸經濟學。最近，英格蘭銀行在英國各地舉行論壇，討論大眾對經濟學的想法——我們希望能走出象牙塔，學習人們的經濟學經驗，看看核心行員對影響日常生活的經濟力量到底了解多少。[17]

口袋裡的錢不只是錢

本書旨在執行這個使命，將帶你走過幾個形塑周遭世界的核心經濟學概念，每章都試圖回答作者在進入英格蘭銀行後，曾被朋友、家人或民眾詢問的問題：從我們的衣服為何都是國外製造，到錢究竟為什麼會變成錢。

我們從經濟學家所謂的「個體經濟學」（microeconomics）開始，它和每個人、每家公司所做的決策有關，你們會了解市場是什麼，以及市場如何決定物品買賣的價格。然後我們轉而討論市場無法發揮作用的情況，討論因壟斷到氣候變遷引起的各種問題。接下來，將檢視經濟學家如何思考工作，影響勞動市場力量如何導致失業，即使是在不斷成長的富裕經濟結構中。

同一章也將轉向經濟學所謂的「總體經濟學」（macroeconomics），將經濟視為整個系統，是個人決策匯集在一起的結果。我們將解釋經濟成長：自然資源、人、機器和技術如何加以結合，創造經濟產出，還有如何隨著時間提高全球人民的生活水準；也會讀到國家彼此貿易的背後理由，這種行為如何能讓整個世界變得更好。接著轉向通膨，也就是金錢逐漸貶值的過程，以及為何這不一定總是壞事。

接下來，你們會了解口袋裡的錢。希望你會發現它不只是一塊金屬或一片塑膠；遠遠不只如此——它是社會信任的系統，也是人類歷史上最持久的制度之一。在這裡，將介紹銀行的角色，包括像英格蘭銀行這樣的中央銀行，如何讓經濟平穩運作。然而事情不總是像我們希望的那麼順利，所以在第九章將介紹幾個曾發生的重大經濟危機，並解釋它們的原因。最後，在第十章則會讀到決策機構，如英格蘭銀行、其他中央銀行及政府，幫助經濟保持運作的方式。在本書最後的附錄，如果你對經濟有更具體的問題（而且馬上想找到答案），會告訴你在哪裡可以找到資源。

你為什麼要相信我們？我們這群作者都是英格蘭銀行的經濟學家，花費數十年研究經濟學的奧妙，並將學到的知識應用在近幾年的重大問題上，例如英國脫歐（Brexit）和新冠肺炎（Covid-19）疫情。[18]我們也花費很長的時間，思考如何將這些想法盡可能傳達給民眾，無論是透過銀行的學校說明會，或是在部落格裡。然而為本書貢獻心力的不只我們，它汲取銀行裡數十名經濟學家的知識，這些章節是與政策制定專家協調後擬定的，我們也納入各領域專家的回饋，例如通膨、經濟成長、失業到貨幣政策，因此我們非常希望本書既權威又可讀。

我們希望在你讀完本書時，能更理解自己居住的經濟世界，這可能很簡單，例如你在酒吧裡，能有足夠的信心談論通膨或利率，能向老闆解釋你為何應該獲得更高的薪資，或是覺得有能力更深入參與這個世代的重大議題，像是氣候變遷或國內生產毛額。

經濟學不是一切，但幾乎是一切，尤其是處理得當的話。所以如果世界有更多人理解經濟學，只會變得更好，對嗎？

第一章

我的早餐從哪裡來？

——透視需求與供給的市場力量

討論需求供給面、市場的神奇力量（偶爾出現），以及為什麼超市糖果是經濟學教育的開始。

這是一個星期六上午，你要和幾個朋友一起吃早餐。選擇五花八門，你可以到廉價餐館，買一份便宜到令人不安的油炸食物；也可以到連鎖店買一份早餐麵包，然後坐在公園長椅上享用；或是可以前往當地的手工咖啡館，買一份被認為是都市千禧世代愛吃的早餐：酪梨醬吐司。

你是否曾想過這些早餐選擇從何而來？所謂「經濟」這種抽象的東西如何提供我們這麼多眼花撩亂的事物可以消費，有蛋、麵包和酪梨？這些東西如何從世界各地來到你的身邊，在你想要吃早餐的這一刻，住家附近就有這麼多選擇？還有這一切怎麼會這麼便宜——你和所有朋友都能接受的價格？

或許，這些是經濟學的基本問題。在一個資源稀少的世界，如何確保自己需要或想要的東西，能在我們需要或想要的時候到達手中？經濟學家的答案和市場有關：人和組織之間的相互作用，還有為了帶來身邊看到的所有商品、服務及價格，兩者聚集在一起的方式。

在這個過程的核心，是你和你的油炸食物、早餐麵包和酪梨醬吐司。你是經濟學不可或缺的一部分。如果我們想了解早餐從哪裡來，就需要先從選擇的經濟學開始。

眼花撩亂的每日選擇

每一天你做的決定沒有幾百個，也有數十個，有些看來很小：我要買貝果當午餐，還是在家做沙拉？我要搭公車還是開車？有些可能大一點：我要不要應徵新工作？我要存錢買房子，還是再買一份酪梨早餐？[1]

你為什麼要做這麼多決定？因為我們住在一個有限的世界裡，不能擁有一切，不能做任何事，我們一直遇到抑制欲望的約束。可能是我們必須花多少錢的約束——預算限制；可能是可以使用的物理或自然資源約束——資源限制；或是一天就只有這麼多的時間——時間限制。

這些決定經常以複雜的方式相互作用，想想你身為員工所做的決定：你是工作優先，還是玩樂優先？工作會讓你賺更多錢，緩解預算限制，增加你能買東西的選擇，但也會消耗你的時間，你工作的時間越長，享受勞動成果的時間就越少。

或是想想你身為消費者所做的決定，你要把錢花光，還是存起來以備不時之需？如果是後者，你要存多少錢？要存多久？如果你花錢，要買藍色還是紅色洋裝？花生醬還是巧克力醬？可口可樂（Coca-Cola）還是百事可樂（Pepsi）？油炸食品還是酪梨醬吐司？根據你的選擇，你或許需要做更多工作，甚至轉職，才能得到足夠的錢。

想要知道這些決定如何在實務中發揮作用，一起回到二〇〇九年初，回到漫長世紀結束的那一刻。在二〇〇九年二月二十一日，沃爾沃斯超市（Woolworths）最後一袋Pic'n'Mix糖果以一萬四千五百英鎊的高價賣出。對那些還記得每週拿零用錢上街買糖果和零食有多快樂的人而言，這是悲傷的一天。在上個世紀，沃爾沃斯超市的Pic'n'Mix糖果成為英國和世界各地的文化標誌，布滿整面牆的糖果，有著各種尺寸和顏色，有可樂瓶軟糖、糖豆及巧克力豆，那是大多數人在書本外最接近《巧克力冒險工廠》（*Charlie and The Chocolate Factory*）中威利．旺卡（Willy Wonka）的巧克力工廠時。

在這些糖果熱潮中，你可能沒有意識到，其實你正展現消費者行為的完美縮影。你有預算限制，也就是從家人和朋友那裡賺到、拐到或敲詐到多少錢；你有一系列的糖果選擇；你也有自己的個人偏好，有些人可能非常喜歡可樂瓶軟糖，所以會用所有零用錢買一袋可樂瓶軟糖；有些人可能偏好巧克力葡萄乾；但是大多數人喜歡綜合口味，不過喜歡的糖果會多挑一點。

假設你的預算有限，可能會遇到取捨的問題。Pic'n'Mix糖果是依重量計費，如果糖果很重，例如硬糖，你是想要一顆硬糖，還是三顆較輕的糖果？如果你的袋子太重了，不得不選一些糖果放回去，你應該不會拿出袋子裡唯一的糖果，最好是選已經有二十顆的。每個面對Pic'n'Mix糖果牆的人，在無意識中都會面臨同樣的挑戰：根據自己的偏好取捨利弊。

我們每天都會結合偏好與各種限制，決定要把金錢、時間和精力花費在什麼上面。而你做決定的準則是什麼？在各種限制下，你要從中獲得最大利益，也就是過最好的生活。經濟學家傾向假設消費者決定的基礎，在於每個人都試著從擁有資源中獲得最大的利益。

效用最大化與機會成本

這個想法可以概括為一個有點抽象的概念：「效用」（Utility）。效用有時被定義為從行為或消費得到的愉悅、滿足或利益，也可以是你重視的任何東西：從讓你看起來和感覺都很好的衣服，到吃完漢堡就不餓的感覺。根據經濟學，效用是你想要最大化的事，準確來說，是你在取捨各種Pic'n'Mix糖果選擇時試圖做的事：從不同糖果組合中得到不同程度的愉悅，因此它們對你的價值也不同。

「效用最大化」這個想法，可能會讓人感覺有點超然。工作的效用不只是你能賺多少錢，雖然這可能是其中一部分，但它是一種享受、一種刺激、一種有價值的感覺。所以當你看到有人接受比其他地方更低薪資的工作，這不是基本經濟學模型的失敗，只是意味著他們能從新工作中得到更多效用——更多好處，他們考量更廣泛的因素。最終，這個基本的經濟模型建立在每個人都希望透過一連串的取捨，將效用最大化的基礎上。

實際上，這代表要考慮事物的成本。這些成本可能有多種形式，購買東西最明顯的是貨幣成本——它的價格，價格通常和效用緊密相關。你從某件事物中獲得的效用越多，越願意為它付費，因此你同意的價格可被視為效用增加的訊號。

但這不是唯一一種成本，經濟學家考慮成本的方式略有不同，不只是你付出的金錢，還經常討論到機會成本（Opportunity Cost）。在這個框架中，某件事物的成本不只是金錢，而是你因為做出某個選擇而放棄或失去的事。舉例來說，讓理髮師剪髮比自己剪髮更花錢，但是你因此必須放棄的時間呢？你花費的時間可能是熟練理髮師的兩倍，而你可以把這個時間拿來做其他事。自己剪髮是以你在那段時間能做的其他事為代價，如果你用不專業的技術為自己剪髮，不管多英勇，這代表你在求職面試上不會被認真對待，你不會得到那份工作，結果和你找時髦、專業的理髮師可能會不一樣？現在自己剪髮的機會成本似乎很大，而且真的不值得。

記者暨作家提姆．哈福德（Tim Harford）提供一個有用的描述，說明從機會成本的角度，思考如何改善生活中做出的幾乎所有決定——尤其是往往很難拒絕他人的人。[2]他建議翻轉你所做的選擇：當你同意某件事時，不要考慮說「是」的機會成本，而要考慮說「不」的成本。同意加班工作，代表你拒絕為女兒讀睡前故事；同意在暢飲時光多喝一杯，代表拒絕早起的晨跑，還有隔天清醒的腦袋。

這些機會成本在經濟學裡是普遍存在的特徵，人們經常談論購買廉價商品的「虛假經濟」（False Economy），或是昂貴產品在提供的機會中能夠「回本」，這是日常機會成本。在本書的各種情況下，會反覆提及這個概念：從上不上大學的機會成本，到專注於自己擅長或不擅長工作的機會成本。

需求決定你的取捨

這些選擇和取捨的結果，是你最終決定每樣東西想要多少：你對它的需求有多大。每次你決定買什麼早餐，或者是否不吃早餐時，都在決定你的需求。需求是經濟學的基石，想要理解經濟學中的需求，要從所謂的「需求法則」（Law of Demand）開始。

需求法則幾乎是經濟學世界裡的普遍法則，指出當某樣東西變得越貴時，我們就越不想要；當它變得越便宜時，我們就越想要。這就是公司想要賣出庫存時，會舉辦特賣折扣的原因。它在經濟學中並不常見——直觀看來是正確的，但也有大量資料和理論研究支持。

以你當地酒吧的暢飲時光為例，暢飲時光的折扣都在傍晚，在人們真正想要大喝特喝之前，但酒吧有超過六成的酒類業績都來自暢飲時段。[3]為什麼？飲料一模一樣，酒客的喜好也沒變，改變的是價格。暢飲時光讓飲料更便宜，依據需求法則，這讓我們更想要了。同理，亞馬遜（Amazon）Prime Day會員日大打折扣銷售Echo Dot智慧音箱，銷售額也明顯高於其他時候，儘管提供的產品一樣。

經濟學家傾向將這種現象分解為兩個不同的元素：第一，較低的價格代表你可以買更多產品，與高價時相比，你相對更富有——你的十英鎊可以買三杯啤酒，而不是兩杯，[4]這稱為所得效果（Income Effect）；第二，你現在買的東西比其他東西便宜，所以它變得更有吸引力，因此你用它代替其他東西。在暢飲時光的例子裡，人們可能不再選擇不包含在暢飲時光中的飲料，像是紅酒，轉而選擇調酒，或者更令人擔憂的是，把以後買飲料的錢拿來現在買更多飲料。我們都曾在暢飲時光最後兩分鐘跑進酒吧——那些人就是用未來相對昂貴的飲料換取現在相對便宜的飲料，這種某物變得相對便宜時發生的轉換，稱為替代效果（Substitution Effect）。

雖然需求法則通常正確，但依據買賣的內容還是可能產生很大的變化。對某些東西來說，價格的微小變動可能導致需求的巨大波動；對其他東西而言，劇烈變化的價格對你決定購買的數量影響不大或是毫無影響。你想買多少對於價格變化的敏感性，稱為「價格需求彈性」（Price Elasticity of Demand）。

以塑膠購物袋為例，二〇一〇年威爾斯地方政府宣布塑膠袋收費，在此之前，塑膠袋大多免費。後來北愛爾蘭、蘇格蘭政府跟著開始收費，最終英格蘭也是如此。收費的目的在鼓勵人們不要使用塑膠袋，減少一次性塑膠對環境的負面影響，但是價格漲幅相對很小，至少在絕對數字上很小——從零到五便士。各個政府預期對塑膠袋的需求會對價格特別敏感，它們是對的；即使是微小的漲價，也讓一次性塑膠袋用量減少九〇%以上，包括樂觀命名為「可回收塑膠購物袋」在內的所有袋子，都減少超過二〇%。[5]

另一方面，想像有一隻寄生蟲威脅要爬進你的腦袋，可能會害你失明癱瘓，甚至可能讓你喪命，所幸有種藥物能安全殺死寄生蟲並保護你，你願意為這種藥物花多少錢？可能很多。至少圖靈製藥（Turing Pharmaceuticals）前執行長馬丁・施克雷利（Martin Shkreli）這麼認為。施克雷利被稱為「製藥兄弟」（Pharma Bro），他將達拉匹林（Daraprim）的價格從十三美元提高到七百五十美元，這種藥物可保護免疫系統脆弱的人不受弓蟲感染。[6]他認為人們的這種需求對價格不太敏感，即使價格大幅上漲，仍會想要相似數量的藥物。結果，施克雷利誤判市場：民眾的強烈反彈和便宜替代藥物的開發，代表幾年內圖靈製藥的業績會不斷下降，利潤也是。然而，有些無彈性需求（Inelastic Demand）的較不極端例子可以看到，在價格上漲時，需求也不會明顯下降。油價要上漲多少，你才會決定少開車上班，並少用汽油？

這種無彈性需求也可能是由某種具上癮性的事物構成，香菸就是典型範例。任何曾感受早期尼古丁戒斷症狀的人會告訴你，在那一刻為了確保能再抽一口菸，你不太會為了多五十便士而爭執。二〇一三年的一項研究發現，香菸價格每上漲一%，需求就會減少〇．三三%。[7]這代表英國平均一包二十支香菸的價格上漲一〇%，大約每包會多一英鎊，需求就會減少三%，或是一包少一根菸。

所得與替代品如何影響購買決定？

然而，需求法則不能解釋一切。有些和價格無關的力量也會增加或減少需求。在此，依舊可以用香菸說明。一九六〇年代中期，香菸需求達到顛峰，至少在美國如此。一九六三年，美國成年人口中約有四成的人抽菸——事實上，他們的吸菸量足以讓每個成年人每天抽超過半包菸。[8]抽菸被認為是很酷的事，在那個時代，有些時髦名流會在公共場所大量吸菸，例如約翰・韋恩（John Wayne）在每部西部片裡，嘴裡都會叼著一支菸，或是由菸癮很大的法蘭克・辛那屈（Frank Sinatra）、小山米・戴維斯（Sammy Davis Jr.）和迪安・馬丁（Dean Martin）組成的「鼠黨」（Rat Pack）歌手，所以香菸的需求自然很高。

從一九六〇年代開始，我們越來越注意抽菸對健康的危害，公共政策活動強調抽菸的負面影響，並且改變看法。社會上還是有部分人士認為抽菸很酷，但是整體而言，社會對抽菸的認知已經改變。近來的調查證明，英國的國、高中生（大多數年齡介於十一歲至十五歲間），有一九%至少曾嘗試抽菸一次，這個數字令人震驚，但這個數字在三十年前逼近五〇%。經常抽菸者也有類似的趨勢：二〇一六年，該年齡層只有三%的孩子經常抽菸，但在三十年前有一〇%。[9]這種品味和時尚的變化，導致半個多世紀以來香菸的需求持續下降。英國在二〇一一年至二〇一八年，需求下降二五%，代表吸菸量減少將近兩百五十億支。[10]

這顯示價格不代表一切，[11]品味、流行和偏好是不斷變動的，都會導致需求改變——如果產品獲得名人認可，需求就會上升；如果被社群媒體拒絕，需求就會下降。同樣地，人們越來越在意消費行為的道德與環境影響，如果是不道德或危害環境的產品，需求便會下降。

所得也會改變你的需求，這十分合理，你賺越多錢，預算限制越寬鬆，可以花的錢越多，因此有可能比以前花更多錢（即使是你曾經認為太昂貴的商品）。但是，從相對意義來看也可能如此。隨著國家變得更富裕，可能會消費更多肉類，從絕對數字或肉類占所得百分比的數字都能看出這種趨勢。一九六一年，中國每人每年消費不到四公斤肉類，對許多人來說，它是稀罕的食物；[12]今天這個數字接近六十三公斤，占中國人平均所得的大部分，也接近英、美等國的消費比例。[13]

最後，一些導致需求變化的力量和產品本身無關。以全球最受歡迎的氣泡飲料為例，當可口可樂的價格上漲時，你認為百事可樂的需求會有什麼變化？對某些死忠粉絲來說，品牌就是一切，沒有什麼能讓他們改變；但對多數人而言，如果可口可樂變貴，就會選擇百事可樂。回憶一下暢飲時光例子裡的替代效果；可口可樂和百事可樂可以相互替代，所以如果一方價格上漲，人們就會換成另一方。這種一方價格產生另一方需求的影響，稱為「交叉彈性」（Cross Elasticity）。

就替代品而言，例如可口可樂和百事可樂，這種交叉彈性是正數：代表一方價格上漲，另一方需求也會上漲；但對某些產品而言，這種交叉彈性是負數：一方價格上漲，其他東西的需求則會下降。想想如果Xbox的價格上漲，Xbox的遊戲需求會有什麼變化；或是咖啡變貴時，甜甜圈的需求又會如何。這些產品稱為互補品（Complements）：擁有一個與擁有另一個聯繫在一起，所以如果因為其中一個價格上漲而少買，另一個也會少買。

不過在這些情況下，通常可以肯定地說需求法則依然成立。無論網紅推崇的清潔品牌變得多流行，如果它變貴，人們就會開始尋找其他品牌；無論你的薪水有多高，在選擇兩種容量相同的牛奶時，可能會選擇便宜的；如果可口可樂的價格變高，人們會買百事可樂作為取代。需求受價格影響——一般來說，商品越便宜，人們想要的越多。

但需求法則並非永遠成立，在少數情況下，價格增加實際上會讓人想要更多。其中一個理由可能只是為了炫耀，想想上次到餐廳的情況，約會對象坐在對面，服務生拿酒單給你，你點了什麼？你可能會思考哪種酒最搭配所點的食物、考慮葡萄的產地，還有某個年分的氣候情況；或是如果你像至少二一%的人一樣，就會選擇清單上第二便宜的酒，因為你不想顯得小氣，但是你對酒的了解或在乎程度，也不足以讓你選擇昂貴的酒。[14]在這種情況下，需求法則便不成立：如果第二便宜的酒價格降到比最便宜的酒還低，你的需求也會降低，貴一點還會比較想要。

或許點第二便宜的酒算不上奢侈，但是同樣的原則也適用於各種奢侈品，從跑車到藝術品都是。人們重視購買昂貴物品對周圍世界發出的訊號，所以價格越高越好。一八九九年，美國經濟學家托斯丹・韋伯倫（Thorstein Veblen）將這種現象命名為「炫耀性消費」（Conspicuous Consumption），符合這一規則的商品則稱為「韋伯倫財」（Veblen Goods）。

數年前，蘇格蘭經濟學家羅伯特・季芬（Robert Giffen）發現一些不怎麼迷人的行為，違反了需求法則。[15]季芬觀察維多利亞時代的英國人，注意到在麵包價格上漲時，住在都市貧民區的貧窮家庭需求也會增加。這是一個奇特的結果，為什麼這個國家最窮的人在商品變貴時，還會想要更多？這與韋伯倫的過程不同，和炫耀無關，而是他們將收入分為必要支出，如麵包，以及較奢侈支出，如肉類。當麵包的價格增加時，家庭買完必要物品（麵包）後，就沒有足夠的錢買奢侈品（肉類），於是會加倍將剩餘的錢拿來買比以前更多的麵包。

符合這種傾向的產品，稱為「季芬財」（Giffen Goods）。它們仍然存在，即使比十九世紀時更加罕見。二〇〇八年，美國經濟學家羅伯特．詹森（Robert Jensen）和諾蘭．米勒（Nolan Miller）對中國的米需求進行詳盡研究，結果發現它與季芬研究維多利亞時代英國人的麵包有著相似特性。[16]

這就是需求：你身為消費者和工人，權衡所有利弊，然後擴大到整個經濟做出的選擇結果。但是你不孤單，還有其他經濟行為者，負責供給我們想要的東西，這些行為者就是公司。

各家企業究竟在追求什麼？

在經濟學中，公司是一群人共同創造某種可出售的東西，為此利用各種「生產投入」（Input）：勞工、機械、原料。公司可以有許多形式，從需要鑽頭、土地和技師開採鐵礦的大型礦業公司，到利用針和羊毛織出套頭衫，再放到eBay上販賣的專業針織工，或是供應美味吐司夾酪梨的手工麵包坊。

公司或企業（以下將以企業代表公司）就像消費者一樣，必須做出決定：生產什麼、生產多少，以及用多少錢賣出產品。經濟學中的假設是，任何企業的最終目標在於盡可能賺很多錢；或者更準確地說，是將利潤最大化，也就是扣除所有已付成本後剩餘的錢。

但是，企業要如何將利潤最大化？這是許多企業主都曾思考的問題。經濟學家的答案是不斷生產更多商品，直到多生產一件商品的成本超過出售後能獲得的額外收入，就不再生產。

多生產一件商品的影響稱為「邊際效應」（Marginal Effect），對經濟學家和企業而言，都是很有用的概念。為了更清楚了解這個效應，想像你正在經營一家T恤公司，用每件二十英鎊的價格賣出一百件T恤，每件T恤的生產成本是十五英鎊。因此你得到兩千英鎊，成本是一千五百英鎊，利潤則是五百英鎊。

現在想像你決定再生產一件T恤：第一百零一件T恤。為了賣掉那件T恤，需要誘惑某個還沒買過T恤的人，所以將價格降為十九．九九英鎊，你的收益增加為約兩千零一十九英鎊。重要的是所有T恤都必須降價，不能只有多出來的那一件，這表示那件T

恤的「邊際收益」（Marginal Revenue）是十九英鎊，如果成本不變，那件T恤的「邊際成本」（Marginal Cost）是十五英鎊，你的利潤會增加四英鎊。多生產一件T恤帶來的額外收益高於額外成本，所以你應該生產。

到目前為止都不錯，如果生產一百零二件T恤呢？為了賣掉那件T恤，你必須將價格從十九．九九英鎊降到十九．九〇英鎊，你的邊際收益還是會增加，這次增加十英鎊。這似乎有點違反直覺，因為那件T恤的售價是十九．九〇英鎊，但要記得其他一百零一件T恤的價格也必須調降。現在這個十英鎊的邊際收益低於生產第一百零二件T恤的邊際成本（十五英鎊），即使十九．九〇英鎊比十五英鎊來得多，相較於只生產一百零一件T恤，生產一百零二件其實會使成本高於收益，你不該生產。

這個過程意味著，如果一家企業完全以理性營運，會一直生產商品，直到邊際收益等於邊際成本，這是利潤最高的時候。生產較少，就失去額外利潤；生產較多，會不必要地減少利潤。

對某些人來說，視利潤高於一切的追求令人反感。然而在經濟學概念裡，這經常是促使企業生產消費者所需產品的有效方式。事實上，根據一些經濟學家的觀點，公司追求利潤不只是效率，還有一種道德責任。二十世紀最具影響力的經濟學家米爾頓・傅利曼（Milton Friedman）曾於一九七〇年在《紐約時報》（*New York Times*）發表一篇著名文章：〈企業的社會責任在於增加利潤〉。[17]

他的論點是，如果社會中的個人重視社會責任生產，就會自己選擇把錢花在以社會責任方式生產的商品上；如果很多人重視氣候友善的活動，會選擇將錢花費在這類產品。如果對那些事的重視程度不足以讓他們為此花錢，公司又有什麼權利為他們做出那個決定？這不是由企業決定的事。傅利曼認為，如果他們那麼做就會造成傷害。選擇做「道德」的事會讓公司少賺錢，最終付出代價的是公司股東和勞工，這表示那些人能花在他們真正重視事物上的錢變少了，這個分析被稱為「傅利曼學說」（Friedman Doctrine）。

毫不意外地，這個論點引發爭議，自傅利曼學說出現以來，許多層面都受到批評，尤其是它認為個人有足夠的資訊和能力，可以對購買「道德」商品做出良好決定。它也不符合企業社會責任的現代趨勢，在真實的世界中，公司和企業不只是沒有靈魂的利潤追逐機器，至少並非所有企業都是如此。今日，許多企業將道德和環境問題放在決策核心，認為這與直接增加利潤同等重要。（當然，憤世嫉俗的讀者可能會說，這在一定程度上也和利潤最大化有關，公司試圖讓自己表現得比競爭者更有道德，好贏得那些越來越重視道德的顧客。）

在傅利曼學說下，所有企業都無情地認為追求利潤高於一切，但在經濟學家解釋社會模型運作方式時，這個學說仍是最常見的精華。每家企業都在不斷生產商品，直到生產開始侵蝕利潤，因此社會中的每個人都能受益。

當價格過低時，為什麼供給的企業會難以生存？

無論動機為何，企業提供我們想買的東西，組織經濟中商品與服務的供給。和需求一樣，供給也有自己的法則。

供給法則（Law of Supply）是需求法則的鏡像。當價格上升時，企業想要提供更多；當價格下降時，企業會減少供給。和需求一樣，這是直觀的。當價格低時，賣出貨物或許難以賺到很多錢，成本甚至可能意味著生產變得無利可圖；然而當價格上升時，許多無法獲利的公司突然可以存活了。

如果你檢視頁岩石油和天然氣市場，就能看到這個過程。科學家早就知道石油和天然氣存在頁岩裡，但是直到近期才擁有輕鬆提取石油的技術，一切都在一九九〇年代至二〇〇〇年代間發生改變。技術創新代表在高壓環境下混合水、沙和化學物質，並打進地底，即可提取頁岩油和天然氣，這個過程已有足夠技術，但是一定不便宜。這種頁岩鑽井的營運成本很高，如果油價每桶低於四十美元或五十美元就會無利可圖。[18] 近年來，只要油價高於這個界線，運作中的鑽井就會明顯增加，從而增加石油和天然氣的供給，以因應更高的價格，這就是供給法則在發揮作用。

與需求法則一樣，某些事物的供給對價格變化比較敏感，也就是較有彈性。以二〇二一年英國足球球迷的經驗為例，在二〇二一年七月十一日星期天，倫敦溫布利球場（Wembley Stadium）舉辦因新冠疫情延遲的二〇二〇年歐洲盃足球賽決賽，這是英國自一九六六年以來首次進入重大賽事的決賽。那些提早買票的人可能為一個標準座位只花費兩百五十英鎊，但是英國進入決賽，導致門票需求大漲。必須承認的是，英國進入決賽的次數不多，可能是一生一次的機會。

問題是供給無法回應需求的增加，只有一座溫布利球場，最多只能容納九萬人，在二〇二一年夏天只能容納六萬七千人（因為疫情的限制仍然存在）。這表示無論價格多高，沒有企業能製造更多門票，那場比賽的座位供給幾乎完全無彈性（Perfectly Inelastic），對巨大的價格上漲也不敏感。然而價格還是大漲，黃牛這個對供給缺乏彈性的本質有著敏銳理解的行業，尤其是在他們幫忙控制供給時——最終每張票要價三萬五千英鎊：價格上漲一百四十倍。[19]

這是一個極端的例子，但無彈性供給形式的日常情況比比皆是。作家馬克．吐溫（Mark Twain）曾俏皮地說，人們應該買土地：「他們不再生產土地了。」在此後一百年左右的時間，土地價值成長超過五十倍，遠遠超越其他產品的漲幅，他一定一點都不意外。

如同需求法則，價格並非影響商品生產數量的唯一因素。許多超越需求的力量，都可以決定企業願意生產並供給的數量。如果企業生產投入的價格下降，例如工資變便宜、同樣的售價可以得到更多利潤，就會選擇供給更多。如果酒吧老闆購買快到期的啤酒可以獲得一些折扣，但販售價格相同，也會增加供給。

決定價格的市場力量

我們討論需求和供給、消費者和企業，但是解釋裡還少了一點什麼；供給和需求相遇的地方，才是決定價格之處，也是真正神奇的所在：市場。

市場這個詞彙讓我們想到阿爾伯特廣場（Albert Square）上活潑的倫敦小販，這當然是其中一部分。然而對經濟學家來說，市場不只是買賣雙方見面的地方，可能是沃爾福德（Walford）的一個市場小攤，也可能是向經銷商出售藝術品的拍賣行；可能是在倫敦交易廳裡，互相大聲喊叫的股票經紀人；或是受到《烘焙大賽》（*Bake Off*）啟發的企業家，在網路上向餅乾愛好者販售手工餅乾。有奢侈品市場、勞動力市場，甚至是愛情市場。[20]簡單來說，市場是買家和賣家聚集在一起，商定數量與價格的所在，是需求遇見供給的地方。

這些市場實際上如何運作？二〇一四年，澳洲雪梨發生一個極端又悲慘的例子。十二月十五日早上，一位槍手在市中心的咖啡館劫持一些民眾作為人質，恐慌隨之而來。人們努力想逃離市中心回家，很多人拿起手機，試圖叫Uber，但讓他們驚訝的是，價格已經飆漲到令人瞠目結舌。在往後的日子，大眾強烈抗議並反對Uber，最終Uber將錢退還給那些逃離襲擊的乘客。然而，這起恐怖事件為市場運作提供一個有力（但令人不安）的例子，這是供需法則的必然結果。

Uber的價格結構是基於一種演算法，計算該區駕駛的供給、對駕駛的需求，然後找到兩者的平衡。如果有很多駕駛在街上閒晃，應用程式就會降低價格，直到多一些人認為夠便宜，決定搭乘Uber為止。如同二〇一四年在雪梨發生的事件，想搭車的人超過願意載客的駕駛，演算法就會提高價格。這麼一來，會有兩種效果：第一，吸引更多Uber駕駛來到這個區域，增加供給，本來打算休息吃午餐的駕駛可能認為，現在值得在停下來吃三明治前多載一個乘客；第二，讓有些人在叫車前三思，減少需求。如果價格持續上漲，更多人因為價格卻步，或是決定走路，同時也會有越多駕駛想來分一杯羹，最後駕駛數量會符合想搭車者數量。

Uber價格激增的演算法，反應市場如何讓供需達到平衡。如果在一定的價格上，人們想買的比企業願意賣的多呢？就像多數經濟學家一樣，市場喜歡平衡，市場有實現平衡的內在機制，或是經濟學家所說的均衡。

如果在供給價格上，想買的人多於想賣的人，便是需求大於供給，有人會被排除在外，但是沒有人想被排除，表示那些有能力支付的人會多給一點，以確保他們能得到想要的數量。價格上漲代表有些人買不起，或是決定不花那麼多錢購買，所以需求就會下降。然後，有些商人看見能多得到一些利潤的機會，可能開始增加供給，這個漲價過程會持續到供需再次平衡才停止。

這個運作過程很迷人：供給和需求的相互作用，最終意味著每個人都能得到最需要的東西，至少理論上是這樣。在這種情況下，價格是一種訊號，告訴生產者該生產更多或更少。價格上漲代表需求相對於供給增加，所以企業應該生產更多；價格下降則是供給相對於需求增加的訊號，所以企業應該生產更少。這些訊號的影響可能非比尋常，從我們每天做的無數決定之中，釋放出世界歷史上最強大的力量——市場力量。

每天的選擇都會在無形中影響無數人

所以，你今天早餐吃了什麼？一份薯條、早餐麵包，還是在趕公車前匆忙喝了一杯咖啡？假設你選擇之前說過的酪梨醬吐司，花點時間思考，在你想要它的時候發生了什麼事。

在你坐下來吃吐司前的數個月，地球另一邊的某個人必須決定播種，準備栽種酪梨；世界另一頭的某個人開始栽種小麥，最終變成酵母吐司，更不用說還要卡車司機把酪梨載到你住的地方，以及麵包師傅做麵包。製作早餐的過程和步驟裡，有無數人參與其中。

但更令人不可置信的是，這一切沒有人組織，沒有中央控制機構告訴人們，要種植多少酪梨，又要賣多少錢，大多數參與製作早餐的人從未見過彼此。

更值得注意的是，沒有人真的在乎你的早餐，他們是為了自己的利益才製造。正如現代經濟學創立者斯密所說：「我們不是因為屠夫或烘焙師的仁慈，才期待他們為我們提供食物，而是出於他們自身的利益。」[21]斯密稱這個過程為市場「看不見的手」。他的論點是，總體來說，這隻看不見的手引導個人去做對社會整體最有利的事，有效率地生產想要的東西。

種植酪梨的人不是因為對你的義務，而生產新鮮的綠色農產品，她幾乎可以肯定從未見過你，會這麼做是因為她能獲得效用（財務或其他效用），如果她生產其他東西可以獲得更多效用，就可能會生產其他東西。正如我們所見，如果人們想要東西的數量不足，價格就會上漲，直到有更多的東西供給為止。如此一來，市場近乎奇蹟般地生產人們想要的東西。

今日，市場是構成全球經濟的主導機制。曾有人嘗試其他經濟運作方式，最著名的便是蘇聯與東德等共產政權，它們避開市場，由國家配置資源。但是這些體系難以消化市場自然做出的數百萬，甚至數十億個人選擇，隨著時間推移，全球共識已轉向支持至少在某些社會領域使用市場機制，並進行一些監督。這些市場似乎更有效率，幾乎是經濟體眾人的集體意願，它們就是你的早餐能及時出現，並且物美價廉的原因。

至少理論上是這樣。不需要很長的時間，就能發現市場正在產生我們社會認為不夠完美的結果：燃燒石油（或澆灌酪梨）滿足破壞生態平衡需求的市場；導致大型主導企業能發揮巨大力量的市場；以及獎勵擁有內線消息，犧牲那些被蒙在鼓裡的人的市場。

經濟學家太了解這種現象，就連斯密也認為，在某些情況中，市場會違背公共利益。接下來，將討論市場的各種缺陷。

第二章

經濟學能解決氣候變遷嗎？

——獨占、壟斷與市場失靈

探討完全競爭理論、壟斷以及寡占的市場型態，以及市場失靈在什麼狀況下會發生，例如學費爭議和氣候危機。

位於倫敦的英格蘭銀行總部，頂樓是員工餐廳。往昔銀行曾為員工設置葡萄酒酒館、餐廳，甚至是酒吧，那些歌舞昇平的日子已經過去，現在銀行的頂樓和世界上其他的員工餐廳沒有兩樣，賣的都是想像中的東西：三明治、沙拉，更重要的是薯條，一盤又一盤的薯條。

每天飢餓的經濟學家拖著腳步，走到一大盤熱騰騰的炸薯條前，將它們鏟進盤子裡，讓他們有體力能在下午處理數據、撰寫報告。在這天短暫的時間裡，他們可以關上大腦，脫離經濟學的世界。

但是即使沒吃薯條，他們可能會注意到，就算在這裡也有經濟力量作用。直到近期，銀行餐廳的薯條都是單一價格吃到飽，可是餐廳員工注意到一個問題：人們拿取的分量比需要來得多，導致沒吃完而浪費大量的食物。同時，較晚到餐廳的人有時會吃不到薯條。

理由不只是經濟學家貪婪，雖然一定有些人如此（在此就不指名道姓），但全球的自助餐都有這個問題，當有一個共同資源，許多個體都可以隨心所欲地拿取時，就會出現這個問題。在這種情況下，每個人都傾向過度消費資源，並在不知不覺中耗盡、損壞或摧毀資源。

一九六〇年代，經濟學家暨生態學家加勒特．哈丁（Garrett Hardin）曾描述這種現象，並命名為「公有地悲劇」（Tragedy of the Commons）。他以公有地為例來解釋，由村莊裡每個人共同擁有土地，用來飼養動物，每個人都有增加飼養動物數量的動機，因為這樣能增加收入，但是他們沒有考量到，如果每個人都這麼做，土地就會過度使用，造成地力衰退，最終大家都無法使用。正如哈丁所說：「每個人被鎖在一個系統裡，迫使他在一個有限的世界裡，無限制地增加自己的牧群。」[1]在英格蘭銀行的案例中，每個經濟學家都困在一個體系中，迫使他們在餐廳有限的薯條盤裡拿取過多的薯條。

這似乎違反第一章描述的動態變化，我們在第一章討論市場在有效組織世界資源時的潛在巨大力量，如果人們和企業理性行事，努力將效用和利潤最大化，在多數情況下，每個人都會過得更好，而且都能得到他們過上好日子需要的一切。但是像公有地悲劇這樣的現象顯示，在某些情況下是行不通的，市場有其限制。像英格蘭銀行餐廳這樣的地方，每個人都完全理性行事，將他們的薯條效用最大化，然而集體結果的效用卻不是更高，而是更低，經濟學家稱這種情況為「市場失靈」（Market Failure）。

市場失靈隨處可見，解釋這麼多人只使用臉書（Facebook），而不用其他數十個競爭社群軟體的原因；解釋我們為什麼希望國家免費提供教育，而不是在市場上買賣教育；也將討論到它有助於解釋為何地球面臨氣候緊急狀態，而我們可以做什麼來回應。

用簡化的模型理解真實世界

經濟學家喜愛模型，對他們來說，模型是用來代表和提煉研究對象的複雜現實，變成有用的東西，它可以是圖表上的線條、一組公式，或只是一系列邏輯論證。統計學家喬治・巴克斯（George Box）曾說：「所有模型都是錯的，但有些模型是有用的。」他認為所有模型都做出一系列的假設，簡化周圍的世界；如果不做簡化，它們實際上就是我們周圍的世界（所以試圖理解它並沒有太大的幫助）。然而，關鍵是要確保你所做的簡化假設，不會影響問題的答案。以巴克斯的話來說，你不該問：「模型是真的嗎？（它永遠不是），而是對這個特殊應用而言，它夠好嗎？」[2]

經濟學家及其批評者有時會忘記巴克斯的觀點，他們的模型一向不是正確的（有些經濟學家可能忘了）；但有時模型還是有用的（批評者可能會忽略這一點）。當討論到市場時，他的分析尤其有用。初出茅廬的經濟學家傾向以「完全競爭」（Perfect Competition）的假設，展開對市場和市場過程建立模型，結果是許多假設看來都很不真實。這個想法並不是說除了某幾個案例外，模型能代表世界真實的運作方式，而是你理解經濟的第一塊基石，它不完美，但是正如超現實主義畫家薩爾瓦多・達利（Salvador Dalí）所言，你應該「不要害怕完美——你永遠無法達到。」

因此這些不完美的模型是有用的：思考為何真實世界不完美，可以幫助我們理解。一個完全競爭的市場要符合幾個條件。第一，所有賣家販售的都是同一種東西。經濟學家稱為同質性商品，代表企業之間販賣的物品沒有可以分辨差異的特徵，意即沒有品牌，也沒有品質差異。第二，市場上必須有很多買家和賣家，新的賣家可以自由成立與進入，沒有「進入障礙」（Barrier to Entry）。第三，買賣雙方必須無所不知，知道自己購買物品的品質、大致需求和供給，以及所有替代選擇的價格，沒有人擁有資訊優勢。

滿足上述這些條件的市場，會有一些有趣的特徵。首先，沒有單一賣家或買家可以影響價格，每個人都是所謂的「價格接受者」。這個價格被設定在所有賣家都能接受的最低利潤點：足以獲利，但不多。

為了解這是如何運作，可以想像一家銷售消化餅的企業決定提高售價，市場上所有買家都知道，可以在無數其他賣家那裡取得一模一樣的消化餅；而那些賣家也知道，如果保持原價就可以搶走漲價企業的顧客，更重要的是，即使全部現有賣家決定同時提高價格，也可以有精明的餅乾業者進入市場，以原價銷售消化餅，搶走所有人的生意，畢竟沒有進入障礙。這種動態競爭會讓企業保持誠實，也代表價格設定會維持在企業利潤「物有所值」的範圍內。

當市場處於完全競爭狀態時，這個市場是「有效率的」。經濟學家稱某件事物有效，可以有幾種不同意義。針對完全競爭，指的是兩個具體概念：一方面，市場具「生產效率」（Productively Efficient），產品使用所有可用資源，以最低平均成本生產，如果想多生產某種產品，就一定會減少另一種產品的生產；另一方面，具有「分配效率」（Allocatively Efficient），每個消費者在購買物品時獲得的效用，等於生產者為該產品付出的成本，表示在製作產品時投入恰到好處的努力——這直接反映人們有多想要它，也表示社會的資源正被有效分享或分配。

即使這個說明很簡短，你或許也注意到其中的陷阱。在真實世界裡，很難找到完全競爭市場，有些市場確實很接近。除了是否為植物奶、是否含有乳醣外，你會注意到每瓶牛奶的差異嗎？牛奶就是牛奶，不是嗎？同樣地，不管賣家是誰，白糖本質上都是一樣的產品。在這兩個例子中，賣家數量很多，品牌忠誠度低，導致良性競爭與低價。

但是整體來說市場並不完美，存在進入障礙；不是所有公司都銷售同樣品質的產品；不是每個買家或賣家都像神一樣無所不知。你或許在閱讀時，已經想到六、七個不完全市場的例子，完全競爭模型只是一個模型，而且正如巴克斯的提醒，即使最好的模型都是錯誤的。

更多的競爭會為消費者帶來好處？

看看你褲子或外套上的拉鍊，可能會看到三個字母：ＹＫＫ。在二〇一〇年代初，絕大多數的拉鍊都是由日本公司ＹＫＫ製造，是前所未有最強大、最完全的壟斷企業，提供衣物、袋子等幾乎所有物品的拉鍊。即使近年來，中國興起幾家競爭者，ＹＫＫ這家公司仍占據全球大約一半的拉鍊產量。

想看看完全競爭模型在接觸真實世界時瓦解得有多快，ＹＫＫ絕對不是唯一的例子。首先，每個商品都有很多賣家顯然是不對的，你能想到有多少企業生產像網球拍這樣相對小眾的產品？再者，同一產品的各個版本都有不同，即使有許多企業提供相似的產品，也努力透過品牌做出差異化。真正的網球行家一定不會混淆鄧祿普（Dunlop）球拍與泰尼飛（Tecnifibre）球拍，即使兩者其實非常相似（抱歉，網球迷們）。

這意味市場上的賣家通常是有限的。在極端情況中，單一商品只有單一賣家稱為獨占／壟斷（Monopoly，mono來自古希臘語，意即單一的，polein則是古希臘語「販賣」的意思）。如果市場上有兩家企業在銷售某種商品，稱為雙占（Duopoly）市場；如果有少數幾個賣家，則是寡占（Oligopoly）市場。

這些情況都是「不完全競爭」，無法達到無數競爭賣家的完全市場。這擾亂市場運作的基本規則，沒有對手企業的競爭威脅，獨占者（或寡占者）不再是價格接受者，生產多少產品的決定可以影響市場價格，擁有的市場力量越大，就越能影響價格。

在極端的情況下，純粹獨占（Pure Monopoly）的單一賣家可以決定市場價格。即使在只有幾個賣家的寡占市場，如果他們合作，也可以接近純粹獨占的定價結果，這種行為稱為勾結（Collusion）。早在斯密時期，經濟學家已經注意到「同樣產業的人很少聚集在一起，即使是為了娛樂和消遣，但他們的談話最終會導向針對大眾的陰謀，或是某種提高價格的詭計」。[3]

企業熱衷於獲得這種市場力量，因為這讓它們可以產生更多利潤。在缺乏競爭的市場中，個別企業可以減少生產，提高數量較少產品的價格——畢竟有誰會來削價競爭？因此，它們的利潤就會超越競爭市場中能獲得的最低金額。

這對相關企業而言是好消息，但是對消費者來說就不那麼好了。企業的額外利潤來自買家，如果有更多的競爭就不會發生這種事。如果完全競爭提供社會最合適數量的產品，依定義來說，獨占的情況就會生產不足，有些人完全得不到產品，即使願意以對生產者仍有利可圖的低價購買。買到產品的人得到和以前一樣的好處，但是現在必須支付更多費用。

結果是低效率經濟，其中包含浪費——經濟資源分配不均，也就是所謂的「無謂損失」（Deadweight Loss）。透過讓自己獲得更多生產經濟利益，獨占者減少其他人的整體利益，因此獨占者越來越好，這個世界越來越糟。

獨占的負面影響不只表現在短期產量下降和價格上漲，更廣泛地說，因為缺乏創新和進步，可能使經濟更蕭條。如果你是獨占者，不怕出現挑戰的競爭者，又為什麼要提出新的想法？在運作良好的市場中，競爭的威脅有助於使企業如履薄冰，它們必須不斷改進，否則就會落後。歷史顯示，當獨占出現時，創新就會慢慢停止。

微軟（Microsoft）和 Internet Explorer（IE）瀏覽器即是經典案例。一九九九年，美國司法部以反競爭行為對微軟提起控訴，提出該公司的策略是一個壟斷計策，微軟將程式，尤其是IE瀏覽器綁定在作業系統中，使用者難以安裝競爭者軟體。指控中說明，微軟創造進入市場的人為障礙。在隨後的聽證會裡，一項關鍵發現在於，微軟不斷阻止競爭對手創新：這些創新能為消費者帶來好處，卻不利微軟成為獨占者。

出於這些理由，壟斷成為「市場失靈」的經典範例。當市場失靈時，決策者傾向介入，通常是透過監管或反壟斷政策。在英國，競爭與市場管理局（Competition and Markets Authority）的任務即在於監管反競爭行為，負責調查公司合併，並在公司似乎變得過於龐大而令人不安時加以介入。在美國，聯邦交易委員會（Federal Trade

Commission）和司法部也扮演類似的角色，負責調查大公司的經濟角色，並試圖阻止任何一家企業取得過大的市場力量，以免濫用。

壟斷對企業的吸引力

如果壟斷導致更高價格和經濟無效率，為什麼世界上還是有這麼多壟斷現象？在運輸、科技和醫療等產業，都能看到壟斷或近乎壟斷的情況，我們為何不試著徹底根除，好更接近完全競爭的超脫境界？

原因很簡單，在某些情況下，壟斷其實還是很有用的，可為獨占者以外的人帶來更好的結果。為了理解原因，以冰淇淋車為例，在某個陽光明媚的夏日，我們一定都想過要當冰淇淋小販。在某些方面，這是很理想的工作；你為各地的人們帶來快樂，可以整天開車，聽著琅琅上口的音樂（只不過是重複播放），你可以盡情吃冷凍甜點。對那些勇敢冒險一試的人來說，裝備好的二手冰淇淋車約要價兩萬英鎊，之後必須註冊公司，進行各種法規檢查，接受使用冰淇淋機的培訓，全部加起來的開動成本（Start-up Cost）約為三萬英鎊。這是固定成本（Fixed Cost），無論你賣出多少冰棒，都必須支出這筆費用。當然，另一部分的成本是冰棒本身，假設批發價為每枝一英鎊，這是變動成本（Variable Cost）：如果庫存是一枝冰棒，成本為一英鎊；如果庫存是一百枝冰棒，成本則是一百英鎊。

現在，想像你的目標是打平成本。第一天，你只賣出一枝冰棒，所有成本都要靠那枝冰棒償還，所以那枝冰棒必須賣三萬零一英鎊才能打平，好貴的甜點。或是假設你的運氣超好，繁忙的日子裡，在陽光明媚的海灘找到停車位，那些晒日光浴的飢渴遊客為你帶來三萬枝冰棒的需求，你的變動成本從一英鎊提高到三萬英鎊，但固定成本還是一樣，所以這些冰棒總共花費六萬英鎊，每枝冰棒只要賣兩英鎊即可：這樣合理多了。

這是極端（也有點愚蠢）的例子，卻顯示出高固定成本的產業如何導致獨占，或至少是寡占。較大的企業可以更便宜地生產商品，所以在不影響利潤的情況下，就能以價格擊敗對手，這種現象稱為「規模經濟」（Economies of Scale）。高固定成本也成為進入障礙，如果你認為一輛冰淇淋車要價三萬英鎊很貴，等聽到建造一座發電廠或新的鐵路網要花費的金額就會明白，這自然而然會減少市場競爭，並違反完全競爭的條件。

這些案例表明，事情並不是「競爭很好，壟斷很壞」這麼簡單，規模經濟對消費者其實是有利的，解釋超市販售的東西能比當地報攤便宜，或是大型鐵路網經常只由一家供應商獨占營運的原因。在一八〇〇年代的美國，有很多相對較小的企業試圖提供鐵路運輸，有時候競爭的路線僅僅相隔幾碼的距離。這是極度無效率的原因。隨著時間，透過合併、公司破產和政府介入，鐵路市場走向單一、更有效率的獨占形式，更能利用規模經濟的好處，因為鋪設新鐵路的高固定成本，如果只有一家供應商，消費者即可享有更好的票價。

在高固定成本的市場中，立法者可能制定法律以創造更多壟斷，因為這是唯一讓企業生產對社會有用產品的方法。想想專利，專利是一種法定的壟斷，在法律上代表一家企業有權成為唯一的生產者和銷售者，通常有特定的時限。和許多獨占企業一樣，這些專利可能導致產量不足與價格上漲。二〇二一年，樂施會（Oxfam）的研究指出，製藥公司輝瑞／BNT（Pfizer/BioNTech）和莫德納（Moderna）藉由合法專利獲得的壟斷力量，對新冠肺炎疫苗的估計生產成本，收取高達四百一十億美元費用。[4]

讓壟斷存在的經濟理由

那麼政府為什麼要通過立法，讓這些壟斷存在？因為具有明確的經濟理由；據估計，讓新藥上市的平均成本（Average Cost）約為十億美元，這是在一劑都還沒賣出時就要支付的成本。如果你考慮進行這麼大筆的投資，會希望相對有信心回本。但是如果在你為新藥投入所有時間和金錢後，有人拿走配方，做出他們的版本呢？你必須和對方分享所有生意，並在價格上相互競爭。真正的問題是，因為無須賺回任何研發成本，他們可以用比你便宜的價錢提供藥物。

如果你知道可能會發生這種事，還會在第一時間投入開發新藥嗎？幾乎可以肯定不會。這就是全球製藥公司都能取得專利的原因，專利代表企業進行有風險的創新投資後可能得到回報，因為只有專利持有者才能販售由此產生的產品。矛盾的是，在這些案例中，壟斷能推動創新，而非阻礙創新。

不只大型規模經濟和高固定成本的市場才傾向壟斷（有時甚至得益於壟斷），如果很多人使用單一商品或服務能帶來巨大的好處，也可能自然形成壟斷。以社群媒體為例，你使用哪一種社群媒體工具？很可能是所有朋友都在用的那種，因為無人使用的社群媒體平台就沒有那麼好。事實上，越多人使用特定的平台，就會變得越有用，你越有可能在線上找到想聯繫的人。

這種現象稱為「網路效應」（Network Effect），在巨大的技術平台時代，這種效應尤其明顯。臉書目前在全球約有三十億用戶、推特（Twitter）有四億用戶，以及Instagram有十四億用戶，[5]這代表當你加入其中之一時，想要追蹤和交流的人可能也在上面。現在想像新的社群媒體網站一開始只有三個用戶：你和本書的兩位作者，可悲的是你可能不太想和這些人交流；你幾乎不認識他們，這意味你登入這個網絡的價值很低。結果就是另一種自然獨占（Natural Monopoly）：新參與者難以競爭，因為在任何特定市場中，大家都想加入既存的主導者。

不只是社群媒體，如果你有亞馬遜Prime的帳號和Kindle，可能會更常利用Alexa居家助理，而非其他競爭者的，因為Alexa更容易整合到你的小工具網絡中。因此一個領域的主導地位與高度的「網絡整合」，會導致另一個領域的自然獨占。

這一切都意味著，在某些情況下，如果固定成本高或網路效應強，獨占實際上對消費者有利。雖然缺乏競爭通常會減少創新的誘因，但是也有些獨占促進創新的情況，例如藥物開發。在這些案例中，我們經常發現國家會監控壟斷企業，以確保社會效益不會受這些企業過度剝削，這就是鐵路網、能源供應，甚至金融等傾向自然獨占的產業，經常受到政府監管機構控管的原因，代表政府和市場的結合。

然而總體來說，壟斷企業披露過度相信市場力量的危險。在某些情況下，市場會讓我們失望。此外，在某些情況下，競爭減少並非壞事，鐵路和社群網路就是這樣，在考慮到像教育等其他市場時更是如此。

針對大學學費爭議的外部性看法

一九九八年前，在英國就讀大學的學生不必支付學費，當然還有其他支出，如書籍、住宿等，但即便如此，許多學生都能得到助學金來支付這些費用。而後在一九九七年十一月，政府立法允許大學每年向學生收取最多一千英鎊的學費。一份報告強調英國大學財務不穩的問題，並從經濟和社會層面概述應由學生解決大部分資金缺口的原因。

事實證明，一九九七年開始收取學費只是開端，至少在英國確實如此。[6] 二〇〇六年，英國大學學費提高到每年三千英鎊；二〇一二年，學費上漲三倍，達到九千英鎊，讓這一代學生大為懊惱，許多學生紛紛走上街頭抗議。

圍繞學費和誰應該支付學費的爭議很複雜，並且往往令人擔憂。但是在本質上可以歸結為核心的經濟概念，如果你想理解市場失靈的過程和原因，這一點特別重要：外部性（Externality）。

外部性是某項行為對未直接參與其中的人產生的副作用，這裡的副作用是指整體社會的成本或效益，和參與行動之個人的成本及效益不同。

這是什麼意思？以高等教育為例，就上大學而言，對實際參與者的影響是很直接的，每個潛在學生都將努力思考個人利弊，自身的效益和成本。在效益方面，上大學代表你這輩子可以賺更多錢，即使就學期間有無法賺取全職收入的初始機會成本，但如果你喜愛讀書，或許會珍惜被巨大圖書館和聰明學者包圍的時光；如果你是熱愛社交的花蝴蝶，或許會珍惜加入志同道合的社團與運動團隊。在成本方面，則包括學費，以及投入學習的時間和努力。

在這項決定中，較少強調它對廣大經濟和社會體系的成本與效益。舉例來說，大學學歷比例較高的社會更具生產力、更守法，而且公民參與度也較高，[7]對整體經濟和社會都能帶來好處。這便是外部性：行為的社會成本或效益對參與其中的個人不同。

在這個例子裡，如果社會效益大於個人效益——正的外部性，市場供給可能不足以滿足社會需求。這是因為個人決定購買數量時，只會購買認為能滿足個人需求的程度；如果成本對個人來說太高，可能根本不會購買。不過問題在於：這個價格並未考量他們的決定可能帶來更廣泛的效益。這便是市場失靈：放任行事，市場將不會提供足夠的數量，因此政府的決策制定者可能傾向干預介入，目標在於增加商品或服務的供給，以達到對整個社會最有利的程度。

雖然很少有報紙社論採用這種說法，但是外部性的不同觀點成為學費爭論的基礎。如果你認為取得學位的好處僅限於讀書的那個人，也就是正的外部性很小，就可能會要求學生支付較高的學費。另一方面，如果你相信以低成本獲得大學教育，從而鼓勵更多人取得大學學位，能為社會中的每個人都帶來很大的好處，也就是正的外部性很大，或許會要求國家做出相對較大的貢獻：助學金。

然而，外部性不全然是正的。接著要開始討論氣候變遷，當提及氣候變遷問題時，外部性占了很大的比例，不過這次它並不討喜。一九九〇年，燃煤發電的成本是每瓩時只要一便士，而風能等替代能源的成本則是十五倍以上，所以能源生產公司在衡量如何生產所需電力時，選擇使用煤炭，不足為奇。一九九〇年，化石燃料占英國能源消費九一%以上，這也並不令人驚訝。[8]

不過我們現在知道這個市場設定的價格，並未反映兩種發電方式的真正成本，燃煤發電產生的碳排放量約為風力發電的二十倍，導致全球氣溫上升，天氣型態不穩，並產生迫在眉睫的氣候緊急情況。[9]更貼近生活來看，打開幾小時的中央空調成本，可能和穿上毛衣的成本相差不大，但是暖氣的價格並未真正反映環境和周圍世界付出的成本。

這是外部性的另一面。煤炭有很大的負的外部性，但生產或燃燒煤炭的人並未考慮這一點。正如教育之正的外部性，代表放任市場會導致供給不足；碳排放之負的外部性，則代表市場在沒有干預的情況下會過度生產，從本質上說，這就是放任市場後，市場難以解決氣候危機的原因——氣候變遷就是終極負的外部性。

當然，氣候問題更加複雜，過程中也不只有負的外部性。事實上，氣候問題是一連串市場失靈的碰撞。回到英格蘭銀行的薯條難題，正如我們看見的，這是哈丁所說公有地悲劇的經典範例，公共利益——集體的薯條供給被餐廳使用者的個人利益破壞，他們都想盡可能得到更多美味的炸馬鈴薯。

你或許已經猜到，飢餓的銀行員工不是公有地悲劇中最大的輸家。自從哈丁提出這個理論以來，被應用在許多共享資源上，最有名的是它提供一個極具說服力的範例，說明市場失靈如何導致更廣泛的氣候變遷與自然界變化。

以漁民為例，為什麼漁業公司傾向過度捕撈，即使最終將耗盡賴以為生的資源？在這種情況中，漁民的個人利益（盡可能捕撈更多的魚）和集體利益（為後代保護海洋生態）相互衝突。林業也有同樣的困境：為何每年都有大片雨林以無法永續的方式砍伐？同樣地，這是因為伐木工的個人利益（此時此刻砍伐樹木作為木材）和集體利益（保持雨林長久繁榮）不一致。

你或許認為漁民或伐木工明瞭，自己的行為對收入與未來福祉的影響，他們為什麼在決定捕撈多少魚時，沒有考慮這一點？問題是經濟證據傾向顯示，人們在做決策時顯然更重視此時此刻，而非遙遠的未來。在幾乎所有案例裡，你的眼界不太可能包括幾代人的時間框架，在這個框架內，諸如氣候變遷、森林砍伐，甚至健康與基礎建設的長期投資都會發生。英格蘭銀行前行長馬克・卡尼（Mark Carney）稱這種現象為氣候變遷背景下的「地平線上的悲劇」（Tragedy of the Horizons），是導致市場失靈的短期主義，會對未來的你和未來的子孫帶來問題。[10]

因應地球氣候危機的經濟學解決之道

經濟學只在理解這個問題上有用嗎？或是能提供一些解決方法？可悲的是，經濟學家無法單槍匹馬地拯救世界的氣候危機，不過經濟學至少可以發揮它的作用。

經濟學理論的第一個解決方案是監管，政府可以監管某些商品的生產，甚至硬性限制生產量。舉例來說，國家可能會限制煤炭的開採量，理論上，這可能有用。問題是在現實世界裡，很難知道經濟上的「正確」生產數量，所以也很難知道要如何設定限制。要做到這一點，必須精確計算外部性和社會成本的確切規模，不只是現在，還要計算到幾百年後。涉及的數字會令人眼花撩亂，你必須加總許多相互作用的影響，這樣得出的數字充其量仍只是粗淺的預估。因此必須把巨量計算留給市場力量，但市場卻沒有發揮作用，而這就是問題所在。

另一個替代方案是，試圖改變人們的成本，以更好反映社會成本，最簡單的方式是透過賦稅。一九二〇年，英國經濟學家亞瑟．塞西爾．庇古（Arthur Cecil Pigou）早在氣候變遷的威脅變得顯而易見前，就撰寫一本關於外部性的知名著作，提倡一種稅收——現在被稱為庇古稅（Pigouvian Tax），提高具有負的外部性商品價格。理想上，這種稅會讓價格提高到可涵蓋外部性的額外成本，舉例來說，如果考量環境成本，燃燒化石燃料的真實成本是市價的兩倍，稅收就應該是一〇〇%。[11]當然，訂定這種稅率可能是一大難題，但是在考量潛在的市場力量、彈性和需求法則下，可以合理可靠地說，讓某個東西變貴就會導致需求降低。

庇古認為，這種稅收代表仍然可以利用市場機制與誘因，讓人們做出決定，追求自我利益，只是現在那些決策會以真實成本定價，所以能符合社會效益結果。同樣地，在正的外部性情況中，應該提供補助，降低個人的成本——補貼的設置應使價格降低，以反映社會效益。雖然距離庇古首次提出這個想法至今已一個多世紀，但它仍有巨大的影響力。庇古俱樂部（Pigou Club）是世界上精英經濟學家組成的團體，近二十年來，一直在倡導應用庇古的想法，減少化石燃料的使用，避免氣候災難。在不同的背景下，免費學費就類似庇古補貼的概念。

還有第二種解決方案，這是一種完全不同的解決方案，不會減少市場的角色，而是增加它的作用。有些人認為，外部性問題的出現並非源於市場無法發揮作用，而是作用不夠：缺乏市場機制（Missing Market）。這種觀點認為，如果人們可以用真實成本交易化石燃料——買賣外部性的影響，市場就會找到反映那個成本的價格。

這個觀點原本是經濟學家羅納德・寇斯（Ronald Coase）在一九六〇年代對庇古提出的批評，後來發展為解決包括氣候變遷等議題的實用建議。二〇〇五年，歐盟（European Union, EU）成立排放交易計畫（Emissions Trading Scheme, ETS）。在這個體系下，歐盟訂定二氧化碳及其他氣體的排放總量上限，排放總量會隨著時間減少，以符合歐盟的氣候目標。截至目前為止，監管效果還不錯。市場的角色呢？在這個限額內，任何想要製造二氧化碳的人必須購買在總量中的配額，已經持有排放總量配額的人（通常會以許可的形式），則可以減少碳排放量，如此便能將多餘的配額賣給更有需求的人。這表示減少碳排放量存在市場誘因，產生碳也有財務成本。透過供需的標準機制，二氧化碳排放能力市場所決定的價格，將更準確反映出負的外部性。碳市場的想法，更具體地說是排放交易計畫式制度的想法，在二〇一〇年代獲得支持。在撰寫本書之際，已有超過三十個國家存在這種制度，包括紐西蘭、南韓等。[12]

已故諾貝爾經濟學獎得主伊莉諾．歐斯壯（Elinor Ostrom），也在市場對環境的潛在有害影響做出最終回應。她的研究聚焦於平民——他們為何不像哈丁所說那麼悲慘的原因。歐斯壯研究世界各地的社會，從印度、美國、肯亞到土耳其等地，結合不同學科的技術，顯示當社會控制共同資源時，其實不會耗盡到枯竭，事實上經常會找出確保永續的方法。她的觀點並非指責哈丁總是錯的；哈丁的理論只符合特定情況。依據歐斯壯的說法，關鍵在於可能受到資源耗盡影響的人，是否在決策中有發言權。

歐斯壯的研究及受她啟發的後續經濟學研究，為這個充滿公有地悲劇的世界，提出一個可供選擇的政策方針。由社會合作和賦權定義的世界，而非受國家干預的世界，可以預防公有地悲劇破壞自然。如果歐斯壯的方法得以實施，或許能夠拯救市場。

二手車的資訊不對稱造成反常現象

二手車銷售員向來詭詐，想想羅爾德．達爾（Roald Dahl）書中瑪蒂爾達（Matilda）的父親，或是電視節目《只有傻瓜和馬》（*Only Fools and Horses*）裡的博伊西斯（Boycie），他們都不擇手段地耍花招，愚弄無辜的買家支付更多錢。

這或許是不公平的：生活中很多領域都能找到咄咄逼人的協商和銷售策略，如果業務員真的那麼無恥，消息也會傳開，最終讓他們自食惡果。但是這種刻板印象植基於一個經濟現實：買家和賣家之間根本的權力失衡，賣家比買家更了解車子的相關品質，例如上一個使用者是否小心呵護，或該輛車在寒冷環境下的性能，因此消費者有可能買到不那麼可靠的汽車。

如果依照諾貝爾經濟學獎得主喬治．阿克洛夫（George Akerlof）在一九七〇年發表的重要論文〈檸檬市場〉（The Market for Lemons）來判斷，他可能已經得到慘痛教訓，[13]該論文探討瑕疵二手車（被稱為「檸檬車」）的經濟學。他指出，如果人們無法準確了解所購買汽車的好壞，會假設其品質一般，因此只願意支付大約平均的價格，這表示高品質車輛的賣家不願意賣出，因為無法得到應有價格；而檸檬車的賣家則是更願意賣出，因為比起大家都有完整資訊時，他們能取得更好的價格。

整個過程導致一種反常狀態，就是獎勵低品質產品的誘因。檸檬車激增；好車減少，結果銷售汽車的品質不斷下降，形成循環。這是完全競爭失靈的另一種形式：不是每個人都能取得完整資訊，所以在「資訊不對稱」（Information Asymmetry）的世界裡，市場讓我們失望了。

阿克洛夫的原理可以應用在許多情況，例如保險公司已經變得擅長處理檸檬車問題，在缺乏資訊的情況下，無法分辨誰是危險駕駛、誰會安全謹慎地開車，因此預設每個駕駛的安全程度都落在平均值，但是相對於他們對保險公司帶來的風險，魯莽駕駛的保險費顯然划算多了。

為了克服這一點，保險業者盡可能地了解投保人，因此表單上總是有一大堆問題，有些業者甚至會在車上設置一個盒子，即時監看駕駛情況。然而，這個盒子也是阿克洛夫認為的「逆向選擇」（Adverse Selection），如果你是糟糕的駕駛，就沒有動機安裝監控盒，因為不確定性對你有利；而如果你是優良駕駛，就值得安裝監控盒，所以很多優良駕駛會選擇安裝。但是魯莽駕駛要小心了，保險業者都讀過阿克洛夫的研究，了解逆向選擇，所以如果你選擇不裝監控盒，他們可能會假設你更有可能是糟糕的駕駛，向你收取更高的保險費。

在付費評論的陰暗世界中，也可以看到阿克洛夫的洞察。二〇二〇年，亞馬遜刪除約兩萬則網站上的產品評論，因為《金融時報》（*Financial Times*）指稱，一些評論者發表上千則五星好評，顯然是透過金錢交換得來。一些估計認為，英國亞馬遜網站上幾乎有六成商品都存在造假評論，讓它們看來更具吸引力。[14]

賣家之所以會願意為撰寫假評論的人，提供有時大額的金錢獎勵，是因為了解資訊不對稱的結果，知道買家欠缺關於考慮購買產品的完整資訊，會盡可能尋找資訊來平衡。這些不擇手段的賣家希望利用這種資訊優勢，甚至強化這種優勢，向不知情的受害者出售更多檸檬車。

在關於氣候的辯論中，也可能發現資訊不對稱的結果。這是一個複雜，並且有時令人困惑的議題，[15]許多人不了解他們決定的全部後果和代價，購買電動車取代老舊內燃機引擎好，還是生產這種電池的環境成本會超出降低廢氣排放的收益？沒有完整資訊就無法做出明智的決定，將大幅增加做出不完美選擇的可能性。

就像你以為自己買了可靠的小車，結果卻是爛車；你以為做出正確決定，減少負的外向性，但事實上卻讓情況變得更糟。缺乏完整資訊，可能會進一步加劇氣候危機。

回歸市場提供的指引

幾年前，英格蘭銀行的員工餐廳做出一項重大決定。在多年以單一價格販售薯條，導致銀行員工往盤子上鏟進反社會數量的薯條後，決定依分量收費。

起初，引發一片譁然。許多人習慣每天的薯條吃到飽自助餐，但在午餐隊伍的不滿對話平息後，需求效應開始浮現。食物浪費減少了，較高的價格代表人們只會拿取真正想吃的數量，那些後來才到餐廳的人也不太會看到空空的薯條盤。

英格蘭銀行的薯條難題，讓我們對氣候變遷有了驚人的了解，它顯示市場和我們所有人一樣，遠非完美，未能充分內化人們行為的成本，導致有限資源的過度消費，如薯條。但失靈的原因不只這一點，它們也導致有用事物的生產不足，如教育；以及有害事物的生產過剩，如二氧化碳。它們可能導致壟斷，這些壟斷以消費者和社會為代價，滿足自己的利益，也要求人們有完整的資訊，以免做出購買無用產品的選擇。

可是正如英格蘭銀行的餐廳員工做出的結論，這不表示市場必須被完全拋棄。單獨來說，它們不太可能解決氣候問題，但在某些方面能提供幫助。例如，有時候問題只在於沒有合適的市場，只要為缺乏機制的市場填補空缺，就有助於減少汙染，正如世界各地使用的排放交易計畫。同樣地，有害行為也可以加入庇古稅，創造以市場為基礎的價格誘因，促使它們走向對社會有益的程度。

當然，氣候變遷是比中央銀行薯條分配更複雜的問題。最終，解決氣候問題必須結合經濟學理解、政治意志及社會變革。經濟學理論、模型和研究只能帶我們走一段路，但無疑有著自己的角色，為了扮演那個角色，如果每個人能更清楚了解市場何時有效運作、何時無效運作，一定會有所助益。

第三章

我要怎樣才能加薪？

——失業、薪資議價與勞動市場

討論薪資來源、勞動市場的摩擦力，以及你應該經常考慮重返校園的原因。

二〇一九年七月，數千人齊聚紐約亞瑟艾許球場（Arthur Ashe Stadium）。作為美國網球公開賽（US Open Tennis Championships）的主場，該球場曾舉辦歷史上幾場最重要的網球賽事。然而這場錦標賽不一樣，湧入球場的人們不是來看運動員，而是一群電腦狂。接下來兩天，他們會圍在電腦螢幕前，觀看世界最強的遊戲高手打《要塞英雄》（*Fortnite*）。

對遊戲迷來說，《要塞英雄》世界盃（World Cup）的聲望和知名度不亞於美國網球公開賽。參加決賽的一百位選手要打敗四千萬名玩家，才能登上這個舞台。大多數決賽選手以玩電動遊戲為生，為決賽接受數千個小時的訓練。

這些世界領先的遊戲玩家，追求的不只是一項無所事事的嗜好。專業的電競選手可能非常賺錢，可能比其他傳統職涯獲利更多，職業電競選手加入電競團隊後，每年約可賺取五萬美元，如果贏得比賽還會更高，因為之後通常會有大公司贊助。在二〇一九年《要塞英雄》世界盃，又名「布哈」（Bugha）的獲勝少年凱爾．吉爾斯多夫（Kyle Giersdorf）贏得三百萬美元；如今每個月還可以從線上看他打電動的訂閱戶賺取五萬美元。從成功電動玩家一躍成為主流名人的玩家，每年可以賺進數千萬美元。

《要塞英雄》世界盃顯示經濟學家口中勞動市場的特殊動態：市場決定工作機會、人們為這種工作支付多少錢，以及他們能否找到這些工作。理解勞動市場可以了解，為何有些人打電動就能坐領高薪，而那些從事表面上更「有價值」工作的人卻只能拿到低廉報酬。

在最基本的層面上，薪資應由你對雇主的價值而定。經濟學家稱為你的「邊際產量」(Marginal Product)，也就是雇主把你加入勞動力後，創造多少貨幣價值。你的產量越高，或是每小時能產生的貨幣價值越高，薪水就會越高。一天能做十個蛋糕的烘焙師，比一天只能做五個蛋糕的烘焙師更有價值，所以前者應該得到更高的薪資，這通常是解釋一些人取得較高薪資的關鍵原因。

電競選手也沒有什麼不同，大多數人玩遊戲是免費，或甚至會花錢，但是最優秀的人能拿到數百萬美元報酬，正是因為他們能為雇主帶來更高的邊際產量。《要塞英雄》專業行家提供的娛樂需求很大，從擁擠的亞瑟艾許球場、無數線上遊戲平台的訂閱者和贊助商就能看出，這一切需求相加後，比起公司僱用玩家後的收益，玩家數百萬美元的薪資相對較少。

相較之下，如果本書作者上傳玩一小時《瑪莉歐賽車》（*Mario Kart*）的影片，就賺不到什麼錢，更精準地說是完全賺不到錢，這是因為我們不會為YouTube帶來額外的收益：沒有人想看我們在賽車場上的影片，我們身為遊戲玩家的邊際產量很低。

因此乍看之下，職場似乎和其他市場一樣：有買家（雇主）與賣家（勞工）。然而，事情沒有這麼簡單。沒錯，勞工大多依循供需法則，但這也是一個被「摩擦力」（Frictions）困擾的世界，表示無法立即適應不停變化的供需程度，即使對勞力有大量需求，勞力的成本或薪資也無法為了提升供給而隨時增加。在許多情況下，雇主和員工甚至不知道有哪些職缺：也許一些技能高超的遊戲玩家根本不知道可以靠著玩遊戲賺錢。

這表示如果你想找到薪資更好的工作，不只要釐清市場的運作方式，也要理解市場與就業經濟學的特殊互動方式。有了正確的工具，即使你的電動玩得一塌糊塗，或許仍能提高薪資。

勞動市場的運作

在某些方面，勞動市場的運作和其他市場非常相似。在第一章了解競爭市場中，供需關係決定物品的價格，勞動市場也一樣。

勞工供給勞動力——有多少人工作，以及多少人失業並積極尋找工作。如果你在辦公室的午餐時間讀到這裡，或是正在家裡瀏覽 LinkedIn 的職缺，就是勞動供給（Labour Supply）的一部分。

供給的大小由許多因素決定。在總體層面上，取決於工作人口的規模——英國定義通常為十六歲到六十四歲的人口，但勞動力規模可以因為各種原因而隨著時間發生變化。可能因為淨移民改變；舉例來說，隨著古巴人因為國家經濟急劇下滑，大規模移民美國，使得邁阿密的工作人口在一九八〇年增加七%；[1]也可能因為文化變遷而改變，比起二十世紀中期，現今女性在外工作的比例增加，表示今日的勞動力增加數百萬人。[2]

不過，成為勞動力的一部分也源於個人決定。在個體的層面上，你對工作的選擇可能取決於能賺多少錢，以及它是否比非工作收入高，例如福利補助、股票分紅等。另一個關鍵因素則是，你是否真的喜歡工作，如果討厭自己的工作，或許會決定減少工作，即使這代表減薪；或是有另一個工作的薪資更高，但你還是留在現在的工作，因為喜歡這裡的組織文化。

有些人可能完全不工作，由於工作，你本質上是決定自己花更少時間休閒。本書作者如果沒有撰寫本書，可能會花更多時間在泳池畔看書，一段時間後，可能會懷念撰寫政策簡報，也可能需要賺錢支付帳單、支付昂貴的咖啡嗜好。同時，像退休人員或許已經存夠錢而不用工作，以及有些人可能因為是學生、在照顧家人，或是罹患慢性病而不工作，這些人都不被認為是失業者：根本並未列入勞動供給的一部分，因為沒有在找工作。

實際情況更複雜，因為沒有人永遠在工作或永遠不工作，即使以每天來說都一樣，人們不會清醒時都在工作，即使如此可以賺很多錢，事實上，如果人們的時薪變高，就會傾向減少工作時數。二〇一九年，一名西班牙電視記者在誤以為中樂透後就辭去直播工作，她實際展現一個強力的經濟學原理：當賺得越多時，通常工作得越少。那些低薪的人需要長時間工作，才能擁有合理的生活品質；所以當你賺多了，維持生活的工作時間就變少了。這一切都意味著勞動供給是複雜的——由於文化規範、經濟政策及勞動力的一般傾向，勞動供給會不斷起伏變化。

然後是需求，這一點取決於雇主，決定自己需要多少員工。然而這更複雜一些，勞動需求不像其他需求形式，它本身不是目的——人們不想要你的勞力，而是「引申需求」（Derived Demand）：由於對員工生產的商品或服務所引申的需求。就像勞動供給一樣，這種情況會隨著時間而變化。在衰退期間，消費下降，企業可能關閉或縮小規模，因而減少對員工的需求。勞動需求也取決於替代品的可得性，例如雇主可能會用機器人取代你。

儘管存在各種特質，但勞動市場的運作就像大多數市場一樣，供需平衡決定你的薪資。勞動供需的相對失衡，也就是找工作的人和找員工的人之數量差異，在一定程度上解釋你的薪資為什麼會提高或降低。當某個特定領域的員工出現短缺時——可能因為需要非常特殊的技能、高度訓練，或是這份工作不讓人喜歡，通常都能拿到更高的薪資。電腦科學家的薪資很高，因為相對於寫程式的需求數量而言，了解如何寫程式的人不夠多；商業深海潛水員的薪資很高，因為沒有多少人想要一次在船上待好幾個月，在危險的情況下潛入海底數個小時。

市場上存在無處不在的幕後推手，試圖讓人接受可能想要避免的工作。所以，這個問題最簡短的答案是：拿起你的蛙鞋，找一份商業深海潛水員的工作，或是其他雇主找不到人遞補的角色。

失業一直存在的原因

然而我們注意到，對那些找不到工作的人而言，這是令人不悅的無用答案。「找一份找不到人的工作」，說起來容易，做起來困難，因為勞動市場的運作並不完美，也不即時，包含摩擦力——阻止供需平穩配適的力量，所以任何經濟體中總會存在失業。

十八世紀和十九世紀，早期經濟學家（有時稱為「古典經濟學家」）對人們為什麼失業，提出相當無情的理論。古典經濟學家的結論是，失業只是供給過剩的結果，失業的出現是因為員工數超過職缺數。舉例來說，如果某個經濟體中，窗戶清潔工過剩（清潔工多於需要清潔的窗戶），薪資就會降低到人們不願意為那樣的薪資清潔窗戶，而是決定失業。

在這種世界觀裡，失業被解釋為一種選擇：人們決定不接受市場決定的薪資，所以不工作。換句話說，提供的薪資不足以吸引員工出門工作：待業員工認為「保留工資」

（Reservation Wage），不足以讓他開始尋找工作。

但是數百年後，其他經濟學家發現這個理論存在一些問題，不能成立。二十世紀初，凱因斯率先提出批評，表示失業的原因是對需要員工的產品缺乏需求。隨著二十世紀的推移，經濟學家在古典理論中找到更大的漏洞，越來越體認到勞動市場往往偏離應該平穩運作的方式，不是每個人在經濟發生變化時，都會馬上辭職或回到職場；甚至不是每個人都知道有哪些工作選擇。

今日的經濟學家傾向不假設人們選擇失業，反而經常是非志願失業的受害者。「古典」理論被「新古典」理論取代，後者更關注勞動供給的變化。

失業可以有幾種形式。第一種是循環性失業（Cyclical Unemployment），在第九章將會討論，景氣表現存在循環，有繁榮時期，也有蕭條時期，對員工影響甚鉅。工作數量在景氣循環（Business Cycle）中可能快速變化：在繁榮時期，企業擴張，大舉招募員工；在蕭條時期，企業倒閉，並且裁員。勞動供給的規模變化則緩慢許多，這表示在景氣蕭條時期，許多人被迫失業。

在一篇簡單的經濟分析中，可看到職缺數和失業率之間的關係，它比較經濟體裡的招募廣告數量（職缺數），和尋找工作的人數（失業率），將數字繪製成圖表。如果循環性失業的概念正確，在典型的衰退時期，職缺數會下降，失業率會上升。一九五〇年代，經濟學家克里斯多福·道（Christopher Dow）和雷斯利·亞瑟·迪斯—馬奧士（Leslie Arthur Dicks-Mireaux）證明這種循環性失業是普遍現象，將這種概念的圖形命名為「貝弗里奇曲線」（Beveridge Curve），該名稱來自英國福利國家的理論建構者威廉·貝弗里奇（William Beveridge），他與這個曲線毫無關聯，但作者推測兩人認為貝弗里奇會認同他們的發現。

然而，循環性失業的想法無法解釋一個經濟體中所有失業現象。經濟體裡可能同時存在許多職缺，以及許多正在找工作的人。舉例來說，在二〇〇七年至二〇〇八年經濟危機時，有些經濟體既有高失業率，也有大量的職缺。

由此引導我們到第二種失業形式：結構性失業（Structural Unemployment）。二〇〇〇年代晚期的建築業，可以讓我們深入了解結構性失業如何發生。在美國，許多建築工人在房市不景氣時失業了，但在尋找其他工作時，卻發現能勝任的工作不多。當時破產律師的需求很高，卻不需要砌磚或水泥匠等技師。失業是由經濟體內的結構變化導致，現有工人對此準備不足，這種結構性失業需要長時間才能解決，需要重新規劃人們能從事的工作。

數十年來，經濟學家一直很注意循環性失業和結構性失業的重要性，政策制定者也一直想要努力減少這些類型的失業。然而近年來，許多經濟學家開始關注第三種失業：摩擦性失業（Frictional Unemployment）。

無論經濟表現如何，總會有人在找工作，這便是摩擦性失業。想想你上一次填履歷表找工作的情況，可能會有漫長的面試過程，或是需要嘗試好幾次才能找到合適的工作。即使在極有效率、極度繁榮的經濟體中，離開上一份工作和找到下一份工作之間的間隔，都代表總是有人沒工作。總而言之，找工作的人與工作本身存在「摩擦」。

諾貝爾經濟學獎得主彼得・戴蒙德（Peter Diamond）、戴爾・莫滕森（Dale Mortensen）和克里斯多福・皮薩里德斯（Christopher Pissarides），試圖理解摩擦性失業的影響，發展出所謂的「搜尋與配對」（Search and Matching）模型，解釋人與工作的匹配需要多少時間，這些模型也考量人們或許不知道有哪些職缺的事實。依據英國經濟體的規模，每三個月約有六十萬至一百萬個工作招募廣告，[3]人們要如何找到工作？如果他們最終受困於錯誤的工作要怎麼辦？你怎麼知道是否該辭去現在的工作，才能找到另一份更好的工作？這些摩擦力阻止勞動市場平順運作，降低經濟學家所說的「匹配效率」（Matching Efficiency）。

近年來，新科技在一定程度上減少這些摩擦力，像LinkedIn和Indeed這類求職網站，意味著人們比過去更能掌握有什麼工作職缺，但是摩擦性就業將永遠伴隨我們。無論經濟表現有多好，就業市場的摩擦力代表絕不可能存在零失業率，即使市場上職缺數等於求職人數也是如此，就業市場太複雜了。

《辛普森家庭》的勞雇啟示

在卡通《辛普森家庭》（*Simpsons*）「春田鎮的最後出口」（Last Exit to Springfield）中，郭董為春田鎮核電廠的員工提供一份新合約，內容和舊版一樣，但是過去的免費牙醫保險換成一桶免費的啤酒。一開始，春田鎮核電廠的員工興高采烈，免費啤酒耶！直到荷馬．辛普森（Homer Simpson）想起花枝．辛普森（Lisa Simpson），需要裝新的牙套，公司不會再提供這項補助，於是鼓動同事一起行動，爬上椅子，將合約撕得粉碎。

接下來幾個禮拜，春田鎮的員工勇敢地試圖保住現有員工福利，郭董則想出越來越大膽的方法，要削弱員工對他的影響，像是自己經營電廠，或是僱用流氓破壞員工組織的企圖。雙方的方法精簡說明僱傭條款如何設定，以及如何在不找新工作的條件下為自己加薪。

在某種程度上，這種變動很簡單。員工和雇主的談判能力不相等，他們不是平等地互相需要，有些時候，雇主亟需員工，也有些時候，員工在一瞬間就會被取代。通常員工被替換的難易程度，決定他們能否現實地要求加薪（或牙醫保險）。

但決定員工替代難易度的因素是什麼？在整體經濟層面，取決於就業人數。紐西蘭經濟學家威廉．菲利浦（William Phillips），一直在鑽研薪資與工作之間的關係。他古怪又有遠見，在一九四九年打造出液壓類比電腦，藉以建立經濟模型：國民貨幣收入類比計算機（Monetary National Income Analogue Computer, MONIAC），讓水以不同的速度在各個水槽間流動，用以展示如果改變經濟體中的貨幣量，經濟體中的各部分會做何反應。

然而，今天菲利浦更為人所知的是「菲利浦曲線」（Phillips Curve），該曲線顯示出失業和薪資間的關係。[4]失業率高時，薪資成長緩慢；失業率低時，薪資增加。基本概念是如果沒有足夠的職缺，員工沒有多少談判加薪的能力，因為失業者大排長龍，等著取代他們，這表示員工沒有多少議價能力（Bargaining Power），同時雇主也不願擴張企業，因為產品沒有需求，將更不願意接受員工加薪的請求。

相反地，如果失業人數較少，例如在經濟繁榮時期，企業更可能尋求擴張，聘僱更多員工。這表示找工作的人越來越少：雇主必須付出更多的錢才能誘使人們進入職場，或是吸引已有其他工作的人，所以薪資會上漲得更快——勞動市場「緊縮」，員工有更多議價能力。

據報導，菲利浦在一九五〇年代晚期的某個週末提出這項關係，此後便成為經濟模型的核心。這對模擬通膨率尤其重要，將在第六章討論，薪資是經濟體中物價上漲的主要因素。在過去半個世紀，許多國家在擬定政策時都會考量這一點，然而依舊充滿爭議。有些經濟學家懷疑它的存在；其他人則認為，它在某些時間的確存在，但不是非常有用，因為勞動市場由於各種其他因素而更加複雜，這一切都以不同方式影響相對的員工能力。

勞工的相對議價能力

舉例來說，即使整個經濟體有許多工作機會，也不代表每個人所在的區域都有很多職缺，員工不是完全流動的，春田鎮的員工可能搬到其他城鎮，例如鄰近的謝爾比維爾（Shelbyville），但是他們可能不願意這麼做。在春田鎮裡，核電廠是最大的雇主，所以許多員工只能到郭董的公司上班——它是買方壟斷的市場，這表示郭董認為可以維持低薪資和低福利，即使員工要求更高的工資。因此，勞動力的相對流動性決定員工的議價能力。

還要考慮技術的使用。員工出走後，郭董決定和助手艾甲甲經營核電廠，為此引進新一代的機器員工，箱子上還標示著「一〇〇%忠誠」。不幸的是，機器人很快占領核電廠，高呼「粉碎、殺死、摧毀」，讓郭董和艾甲甲不得不逃亡到安全地帶。然而，並非所有技術創新都會有這麼嚴重的反效果。自動化（新科技取代人工任務的過程），長久以來一直是職場的特色，經常會削弱員工對老闆的議價能力。雖然對員工而言，自動化不一定會產生直接的壞處，有些機器人可以補充現有的勞動力，讓員工提高生產力並增加工資，但在春田鎮核電廠，這似乎不是郭董的本意。

然而最重要的是，勞工的相對議價能力取決於員工的組織程度。荷馬不是單槍匹馬對抗郭董，而是在一次公司會議上頓悟到牙醫保險的重要性，在那場會議中，核電廠的全部員工齊聚一堂，投票表決是否接受新合約。在他拒絕新的僱傭條款後，說服同事組成工會，一起努力爭取更好的待遇，最終展開罷工。

在幾次企圖打擊罷工員工士氣的行動失敗後，郭董答應他們的要求。為什麼罷工員工的方法會奏效？因為員工的集體議價能力超越個人議價能力，透過團結，工會成員改善就業條件。不過，罷工不一定都對員工有利，菲利浦指出，他們的成功取決於員工的可替代性，也就是他們有多容易被取代。在春田鎮，顯然很難找到替代勞動力，尤其在邪惡的機器人故障後。不過，事情不會一直這樣發展，有時候罷工員工的工作可以自動化，有時候雇主可以納入其他正在找工作的人。

無論罷工成功與否，影響會波及更廣大的經濟體，勞動力價格的增加會帶動生產商品或服務的價格上升。在春田鎮的罷工中，郭董躲進核電廠裡的一間隱蔽房間，關閉春田鎮的電力供給，這被描述為惡意行為；然而有些經濟學家認為，這是在沒有員工的情況下，生產電力的成本增加，郭董的生意無法運作，因而必然導致的結果。在這場表演裡，荷馬的罷工讓春田鎮的人們付出更大代價。

然而在所有的情況下，勞動市場的基本規則都是成立的。工人必須增加「邊際產量」才能被僱用，並展現出更高的邊際產量才能獲得加薪。假設每個人都以經濟理性的方式行事，老闆找一個合適員工取代你的職位，必須比幫你加薪的成本更高，否則只會拒絕你。

增加收入的方法就是投資自己

如果你發現無法找到足夠的同事行使集體議價能力，還有一種方法可以增加收入——至少在你這一輩子，就是投資自己。

這個目標也可以增加你勞力的邊際產量。根據美國經濟學家蓋瑞．貝克（Gary Becker）的說法，當你投資學習新的技能時，會讓自己更有生產力，因而讓雇主得到更多利潤。這可以幫助經濟體變得更有效率，促進經濟成長，經濟學家稱這些技能為「人力資本」（Human Capital）。

提升人力資本的方法有很多，最明顯的是透過正規教育，就讀學院或大學。如同在第二章討論的，就讀大學可以讓終身收入增加數十萬英鎊，如果你擁有能學以致用的碩士學位，收入還會更高。那是因為你有資格從事更高技能的工作，產生更高的貨幣價值，你設計手機的邊際產量會高於在超市上架貨品，因為設計手機或許需要學位才行。

許多教育不一定能帶來經濟報酬。在英國，擁有碩士學位的人（如本書作者之一）賺的錢比擁有博士學位的人（如其他人）來得多。[5]這是因為博士通常想到大學擔任講師，而不是成為投資銀行業者，而且相對於碩士，許多博士攻讀的學科不太注重商業。同樣地，並非所有學位都是平等的，有些學位比其他學位能帶來更多終身收入，例如醫學、經濟學或數學系在畢業五年後平均薪資最高，而藝術、農業、心理學畢業生則賺得最少。[6]

但是如果你放棄博士學位，還有其他方式能投資人力資本，可以透過非正式方式學習技能，例如在工作中學習，或是在晚上打電動，就像《要塞英雄》的冠軍。許多雇主知道為員工提供訓練，可以提升員工的工作能力，改善生產力，因而提供學徒制幫助提高技能。

不幸的是，人力資本也會貶值。想像你是專業運動員，因為受傷而無法工作，休息幾個月後，你或許開始嘗試輕鬆的慢跑，但會發現健康狀態比過去來得差，很快就喘不過氣，一休息就肌肉痠痛，技術也生疏了。同樣地，長期失業的人也發現他們的人力資本貶值了。

這種人力資本的降低若是永久的，便稱為「遲滯現象」（Hysteresis）。如果人們在經濟衰退時期失業，或許會失去動力、失去訓練機會，或是忘記過去學習的技能。遲滯現象是經濟衰退最具侵蝕性的影響，因為會長期影響經濟（和社會），可能難以逆轉。舉例來說，有些研究指出，衰退時期的畢業生在經濟衰退後的十年裡，賺的錢會比繁榮時期的畢業生來得少。[7]

出於這些原因，許多經濟學家認為教育對建立和維持人力資本至關重要，而員工與雇主的首要任務都在促進人力資本。有許多經濟學家這麼認為，但是並非全部，還有另一種方式看待教育：它是一種傳遞訊號的模式。獲得諾貝爾經濟學獎的紐約大學（New York University）教授麥克・史彭斯（Michael Spence），不認為教育本身能提高你的邊際產量或薪資。在史彭斯的教育與收入模型中，有些人天生在某些領域比其他人更有生產力。雇主的問題在於，如何辨識高技能、高生產力的員工和低技能、低生產力的員工。

考慮到這一點，史彭斯提出，教育是向雇主發出一個訊號：誰的價值高、誰的價值不高。在這個分析中，史彭斯教授的最有天賦學生成績不一定擁有高技能，而是指向預先存在的高度智力。這種打破傳統的理論對教育政策有著深遠影響，指出如果你天生是低生產力的員工，在教育上花很多錢就是壞主意，不會增加你對雇主的邊際產量。然而，無論教育是提升人力資本或只是發出「訊號」，所有經濟學家都同意在有用的資格考試中取得好成績，能增加你這輩子的收入，或許是保障高薪資最困難卻最有用的方法。

郵局工作與電競玩家的抉擇

二〇〇〇年代早期，戴維．沃爾什（Dave Walsh）辭去暑期在父親郵局的工作，就為了玩電玩《最後一戰》（*Halo*）。在這件事情上，大多數家長都會很失望，但是沃爾什的父親並非如此，兒子計算數據，最終證明打電玩賺的錢會大幅超越暑期工作，父親表示祝福。

這是一個正確的決定，沃爾什在第一場錦標賽就贏得五千美元，比在郵局賺得多，兩年後簽訂一份價值二十五萬美元的三年合約，加入電競團隊，六年後已賺到足夠的錢退休。

沃爾什的故事為勞動市場如何制定個人薪資提供一個縮影，他在郵局的邊際產量相對較小：打包工作對郵局營業額增加的價值相對較小；在電競團隊的邊際產量則大得多，例如獲利豐富的贊助協議與獎金。沃爾什做出合乎經濟理性的決定：離開郵局，成為電玩玩家。

十九世紀的古典經濟學家或許不熟悉《最後一戰》，卻能理解沃爾什的故事。根據古典經濟學理論，你的薪資取決於勞力供給（你和你的工作意願），以及勞動需求（願意僱用你的人），如果你不滿意自己的薪資，他們可能會提出爭論，你可能會離開職場。

然而在其他方面，沃爾什的故事不具代表性。在二十世紀，經濟學家了解勞動市場比古典模型所說的更加複雜。經濟體中總有職缺，也總有人需要工作，但是失業率從來不會降到零。就像其他市場，勞動市場充滿摩擦，阻止供需關係立即根據人們的需求調整。這些摩擦力代表人們將不斷尋找合適的工作，雇主總在尋找合適的員工。不是每個人都可以像沃爾什，離開工作，接受訓練，然後從事更賺錢的工作，他們可能根本不知道哪裡有報酬更高的工作。

考量這些勞動市場的摩擦力，如何加薪的問題變得更加複雜。一方面，你或許會提出加薪，但這可能很困難；取決於雇主如何評價你的工作，或是他們能否輕易替換你。許多員工都很容易被替換，有很多人可以領更低的薪資工作，但是如果所有員工一起要求加薪，並威脅離職，或許可以一同提高工資。

另一方面，獲得高薪和穩定工作的最佳方式是最簡單的，簡單但絕不容易。你可以投資自己的「人力資本」，提升技能，無論是就讀大學或接受更多的訓練。教育是增加終身收入最可靠的方法之一，也能保障你在勞動市場發生變化時仍能找到工作，尤其是在高技能員工需求更高的情況下。

所以如果你想加薪，可以返校深造或在職進修。不過在報名博士班前，要仔細考慮一下。

第四章

我為什麼比曾曾祖母還富有？

——經濟成長的原因、GDP的前景與危險

討論經濟成長的原因、GDP的前景和危險，以及為何經濟比你想像得更像一塊蛋糕。

想像你發明一台時光機，不幸的是這台時光機的功能非常有限，不會帶你去有趣的地方，像是羅馬帝國鼎盛時期的倫敦，或是到利物浦聽披頭四（Beatles）早期的演出，而是會把你丟在一九七〇年代中期的英國。

你的新環境不怎麼迷人，每個轉角都會看到奇怪的時尚搭配——喇叭褲、厚底鞋、奇異的鯔魚頭，收音機播放著暴龍樂團（T. Rex）的歌曲，大多數餐廳似乎都供應大蝦冷盤、鳳梨串等小東西，等習慣這個環境後，就會發現這裡比你最初認為的還要令人失望。當你開始和身邊的人聊天時，就會發現超過一半的家庭沒有車，而且對大多數人來說，出國度假是一種難得的享受——如果負擔得起的話。[1]

你很快發現，要像電影《回到未來》（*Back to the Future*）一樣回到二〇二〇年代比想像中困難，所以決定安頓下來。隨著你習慣一九七〇年代的生活，找到一份辦公室的工作，但這也證明是令人失望的。不只是工作環境差勁，在這個世界裡，幾乎所有老闆都是男性，你必須利用笨重的打字機工作，而經理們在午餐時間就喝三品脫啤酒的行為，也完全可以被接受；金錢方面也讓人失望，你的第一份薪資少得令人不安。以今日的價值計算，一九七七年家戶平均收入還不到二〇二〇年的一半[2]，這個國家充滿「困苦感」：報紙稱英國為「歐洲病夫」，幾乎四分之一的人處於貧窮線之下。[3]

你心想，最多就像一九七〇年代這樣吧！但是如果你真的設法啟動時光機，回到更遙遠的過去，也不會變得更好。如果你回到一九〇〇年，普通工人的週薪相當於今日的七十五英鎊；如果回到一八〇〇年，週薪只有二十五英鎊，時間越早，情況越糟。[4]

事實上，二十一世紀的生活可說比一九七〇年代，一九〇〇年代或一八〇〇年代好得多，更大的財富帶來生活品質的改善；更高的收入帶來更長的平均餘命、更好的受教育機會和更多的工作保障。自一九七〇年以來，英國的平均餘命已經增加十歲。[5]因此即使你真的打造一台時光機，最好還是留在當下，這不只是為了躲避鯔魚頭。

為什麼這幾代人會有財富和生活品質的差異？答案是經濟成長。廣義而言（除了一些明顯的例外），你的生活品質和經濟成長程度息息相關：無論是成長、萎縮或停滯。從過去兩百年的經濟軌跡看來，經濟規模不斷擴大。

衡量經濟健全度的指標：國內生產毛額

簡單來說，經濟成長是國家內人民所得總和成長的速率。一般來說，當經濟體成長時，可以在不降低生活水準的情況下，滿足一個國家的人口成長。如果經濟學是關於稀少資源的分配，經濟成長便是創造更多可以分配的資源。

成長是抽象概念，所以評論家喜歡用比喻法來理解。在新聞中，你可能會看到將成長描述為一輛車，在高速公路上時而加速，時而減速；或是形容為一座花園，只有好好照料，這個豐富的生態系才能繁榮。我們比較喜歡用蛋糕來比喻，因為蛋糕沒有汽油的臭味和危險的花粉熱，在這個類比中，成長讓蛋糕更大，也意味著每塊蛋糕都會更大。

不過，我們要怎麼知道蛋糕是否在變大？如同在第一章看到的，經濟體很巨大，是由數百萬人及他們無數的選擇組成，因此監控經濟體中發生的一切是一項困難任務。

美國政府在一九三〇年代開始解決這個議題。當時正值經濟大蕭條（Great Depression），每個人都可以看到經濟陷入困境——失業隊伍永無止境、無數企業破產，以及無家可歸的人急劇上升。問題是美國的政策制定者沒有嚴格方法，可以測量經濟成長的影響：經濟明顯在萎縮，但是誰也不知道萎縮了多少，如此便難以找出最好的因應方式。

為了解決這個問題，美國國會找上西蒙．庫茲涅茨（Simon Kuznets）。身為美國國家經濟研究局（National Bureau of Economic Research, NBER）的經濟學家，庫茲涅茨負責分析美國經濟資料，他和團隊在一九三一年被要求想出測量美國經濟健全度的方法。這是一個大問題，尤其是在史無前例的災難性蕭條時期，但是庫茲涅茨的團隊接受這項挑戰，利用三年的時間研究不同經濟成長方式，最終拼湊出一份名為《國民所得》（*National Income*）的報告，發展出今日世界上每個國家用來衡量經濟健全的指標：國內生產毛額（Gross Domestic Product, GDP）。

衡量GDP的方式有三種：一、它是經濟體中一切可以買賣物品的總價值；二、在經濟體中，每個人生產那些商品或服務得到的總收入；三、在經濟體中，每個人於一定時間內在這些商品或服務上花費多少錢。不同的方式都在衡量同一件事：製作並銷售的東西越多，它的價值越高，一國的GDP也越高。經濟學家將它歸納為一個公式：

$$GDP = C + I + G + (X - M)$$

這個公式是粗淺的嘗試，企圖納入在經濟體中人們可能花錢購買的所有東西。他們可以花錢購買想要消費的東西（「C」），例如酪梨醬吐司早餐；可能投資某物（「I」），例如機械；或是可能被政府（「G」）花費在道路或醫療服務上；也可能有英國以外的資金流入，用於購買我們運送給他們的東西，稱為出口（「X」），還有用於進口（「M」）的出國資金。我們把所有數字相加後，會得到經濟體的總支出。因為你花的錢變成別人的收入（而你一定是從某個地方得到錢），這大概也增加經濟體中的生產量。

正如庫茲涅茨一開始承認的，這不是一個完美的算式。首先，他知道它無法衡量許多真正能改善人們生活的東西，GDP無法衡量幸福；無法衡量環境惡化的程度；無法衡量貧富不均，因此在許多方面，不能衡量生活品質。雖然生活品質與GDP相關，但是很多時候，經濟體成長時，身在其中的人或許會越來越不健康。正如美國參議員羅伯特·甘迺迪（Robert Kennedy）曾說：「簡而言之，它衡量一切，除了那些讓生命有價值的東西外。」[6]

如何衡量國內生產毛額？

另一方面，有許多形式的經濟活動是GDP無法衡量的，或說至少在歷史上沒有的。以英國GDP數據為例，二〇一四年，報載GDP將在一夜之間增加一百億英鎊，漲幅接近五%，[7]這不是因為英國工人一個下午的生產力驚人，而是GDP的計算內容改變了。英國國家統計局的經濟學家與統計學家決定，應該擴大「經濟體」的定義，納入更多東西，像是什麼？性交易就是其中之一，還有購買非法藥物。在庫茲涅茨最初的GDP版本中，非法經濟活動並未列入其中，但它顯然是經濟活動，有生產者與消費者，也有供應鏈和企業。

此外，還有大量的合法經濟活動一直被GDP忽略，一般來說，這種計算會忽略任何沒有在市場上買賣的活動，例如對社會運作至關重要的家務勞動，如洗衣服、洗碗、煮飯等。二〇一六年，無償的家務工作估計可為英國經濟增加一兆兩千四百億英鎊，占當時GDP的六三%。[8]然而，因為無償家務不是貨幣交換的一部分，統計學家並未列入「經濟體」的一部分。這導致一些特殊的結果，如果你用吸塵器打掃自家的客廳，對經濟成長沒有貢獻；但是如果你和鄰居達成協議：你清理對方的客廳可以賺二十英鎊，對方清理你的客廳可以賺二十英鎊，那天結束後，雙方都沒有賺或賠，你的客廳也跟自己用吸塵器打掃一樣整潔，[9]然而交換金錢的行為，代表你們的清潔協議神奇地為ＧＤＰ做出貢獻。

最後，ＧＤＰ是出名的難以真正衡量。當新聞播報員說：「經濟成長Ｘ％。」真正的意義是：「經濟學家預估經濟創造的東西成長Ｘ％。」這種估算或許不準確。經濟學家加總經濟體各個面向的大量數據來計算ＧＤＰ，在英國，統計學家蒐集上千家公司的資訊，涉及的主題像是製造多少車輛、賣出多少房子，或是出口多少起司。但這是一項困難的工作，經濟活動太多了，無法囊括一切，所以經濟學家只詢問一小部分經濟活動，並加以放大，好代表整體經濟。這個數據無法避免地會稍微偏離，即使已經推測得非常接近。

然而在一九三〇年代的美國，很少政治家有時間吹毛求疵。經濟明顯正在衰退，他們需要追蹤的方法，而這裡就有一個辦法。在第二次世界大戰期間，法蘭克林．羅斯福

（Franklin Roosevelt，又稱小羅斯福）領導的政府繼續使用GDP的概念，協助發展經濟政策，其他國家很快仿效，並採取這個計算方法。幾乎在一個世紀後，它仍是最常用來計算經濟成長的方法。

儘管存在這麼多缺陷，但為什麼許多國家還是沉迷於GDP？因為即使你對此半信半疑，GDP的確提供人民生活品質的有用資訊。

這通常有點詐騙嫌疑，從表面上來看，法國的GDP和印度非常相似，但是來到這兩個國家，你會看到法國的人均所得明顯較高。出於這個原因，經濟學家傾向使用人均GDP，也就是將GDP除以人口數。印度的人口比法國多，所以按人均計算是貧窮國家，兩國的蛋糕大小相似，但在法國，每個人分到的蛋糕是印度的二十倍大。

這塊蛋糕的大小，對你的生活方式有巨大影響。舉例來說，許多研究發現，經濟成長會減少貧窮，一項研究發現，當人均GDP加倍後，底層五分之一人口的平均所得也會加倍。[10]雖然這不適用於每個國家，卻是一個有用的經驗法則。在一九八一年至二〇一〇年間，中國令人震驚地讓六億八千萬人脫離貧窮，比拉丁美洲現有人口數還多，在很大程度上要歸功於國家的經濟成長。

更廣泛地說，GDP的成長和更好的健康有關，尤其是在開發中國家。我們知道兒童死亡率在高收入國家較低，罹病率也較低。一九七五年至二〇二〇年間，印尼的人均GDP平均一年成長三．五%，二〇一九年的平均餘命從五十五歲增加到七十二歲，嬰兒死亡率則從約一%下降到〇．二%。[11]此外，GDP的成長也可以支付更好的教育，在較富裕國家中，人們更可能就讀小學和中學，讓他們未來可以找到更高薪的工作。

所以，經濟成長很重要。所幸全球經濟的長期趨勢是上揚的，而且相較過去也的確有所成長。根據牛津大學（Oxford University）研究計畫「用數據看世界」（Our World in Data）顯示，一五〇〇年，世界經濟價值約為四千三百一十億美元，一七〇〇年的價值為六千四百三十億美元，一九〇〇年則為三兆四千兩百億美元，成長近八倍。從此以後，這個數字爆炸性成長，達到十兆美元、五十兆美元，然後是一百兆美元。二〇一五年，世界經濟價值為一百零八兆美元。[12]相較於一五〇〇年，成長兩百五十倍，令人目眩神迷。如果一五〇〇年的世界蛋糕可以裝進一個二十公分乘十公分的盒子裡，二〇一五年的蛋糕就像一張乒乓球桌那麼大，每個人分得的蛋糕也比過去大了十五倍。我們不只比祖先更有錢，幾乎是不可思議的富有，但為什麼呢？

促使經濟成長的四大生產要素

假設你開始烤一塊經濟蛋糕，大小足以讓每個人都分到一大塊，還可以留下一些，你需要什麼材料？又需要遵照什麼食譜？

許多經濟學家都問過這些問題，儘管通常沒有以蛋糕比喻。最著名的答案來自經濟學家勞勃・梭羅（Robert Solow）和特雷弗・斯旺（Trevor Swan），兩位都發展模型解釋成長的來源。他們基於先驅經濟學家的研究，包括斯密（之前曾討論）與大衛・李嘉圖（David Ricardo，稍後會提到），描述促使經濟成長的四大關鍵力量，經濟學家稱為生產要素：

- 土地：賴以發展經濟的空間。
- 勞動力：生產貿易物品的人。
- 資本：幫助工人的機器。
- 技術：勞動與資本結合的效率。

人們很容易誇大這四個要素的力量——為什麼一些經濟體比其他經濟體大，有一連串社會、歷史和政治因素，但用最簡單的話來說，這四個要素在思考經濟蛋糕時仍是很有用的方式。假設每個要素都充足——它們的品質和比例都正確，經濟將會健全成長。

為什麼這四個要素如此重要？為了回答這個問題，我們逐一討論。首先是土地，為了創造經濟，你需要一個空間，就像做蛋糕時需要烤盤。你擁有的土地越多，就有越多的空間可以建造像工廠或辦公室等建築。在這四個要素裡，這是最難得到的，因為它是固定資產：一旦所有土地都被使用，很難再得到更多土地。［雖然有些經濟體曾嘗試：二〇〇一年，阿拉伯聯合大公國在杜拜灣打造人工島，即棕櫚島（Palm Islands），並在上面興建新飯店和房屋。］

經濟學家也把鐵礦或煤礦等自然資源，視為土地的一部分。以水為例，在多數製造過程中都扮演重要角色。二〇二一年，台灣經歷五十年來最嚴重的乾旱，對半導體生產造成壓力，因為過程中需要大量的水。一個國家擁有的水越多，越能用來製造東西。如果國家必須購買資源，例如內陸國需要進口水，則會減少商品與服務的邊際利潤，從而降低可能帶來的ＧＤＰ。

接下來是勞動力，有了發展經濟的地方，你需要有人在土地上工作——做蛋糕的烘焙師。人口越多，可以生產更多產品的潛在員工就越多。兩個最大的經濟體是美國與中國，人口分別為驚人的三億兩千九百萬和十四億。[13]但是國家人數不一定代表勞動力；人口組成也很重要。教育程度較高的勞動力可能從事更高產值的工作，因而有助於經濟快速成長。

年齡也很重要。人口老化會阻礙經濟成長，因為老年人不太可能工作，比較沒有生產力。這個問題最著名的例子來自日本，日本近三成的人口都超過六十五歲，並有超過八萬六千名日本人年逾百歲。有些經濟學家估計，日本光是因為人口統計因素，GDP在接下來四十年將衰退二五％以上。[14]這項變化不僅限於日本，一項針對美國人口的研究發現，六十歲以上的人口每增加一〇％，人均GDP成長率就會降低五．五％。[15]考慮到二〇二〇年至二〇六〇年間，美國六十五歲以上人口數將成長近七〇％，這項統計數據令人擔憂。[16]

對勞動和就業的態度也很重要，如果很多人沒有工作或無法工作，經濟就無法繁榮。這個現象比你聽說的更普遍：不是因為懶惰，而是因為阻礙工作年齡人口進入職場的文化障礙。最值得注意的是，有許多女性面臨正式或非正式的就業障礙。在美國，約五七%的女性人口有工作；但是在阿爾及利亞這樣的國家，卻只有一七%。[17]這些性別差距的代價可能是巨大的，如果在一九七〇年至二〇一六年間，美國女性勞動參與率的成長趕上挪威（有七六%的女性有工作），[18]美國經濟可能會比今日多一兆六千億美元，相當於美國每個人都能多得五千美元。[19]

有了土地和勞工，你或許還需要一些資本。在這個脈絡下，「資本」一詞通常代表有形資產，例如機械、工廠或電腦。在蛋糕的比喻裡，資本不像麵粉或蛋，更像是木湯匙。越好的資本有助於更快製作越多的蛋糕，或是可以使用較少資源，相較於木湯匙，使用電動攪拌器或許可以縮短製作蛋糕的時間。在蛋糕以外的情境下，又代表什麼？想像一家服飾工廠，工作可能使用的主要資本類型是剪刀或縫紉機，沒有這些工具，工人不可能製作衣服；或是以會計業為例，如果沒有電腦查看試算表，會計師就無法服務客戶。

可悲的是，資本並非靜止不動。隨著時間，你的電動攪拌器可能故障，甚至會增加你烤蛋糕的時間。同樣地，經濟體中的資本也會損耗或過期，就像工廠零件會故障、電腦軟體會過時，沒有持續改善資本，經濟成長也會停滯。

這時候就需要技術的介入，技術或許是經濟成長最重要的因素——事實上，這是先前提到的經濟學家梭羅和斯旺對成長的偉大見解。他們表示，技術可以讓蛋糕的大小倍增，雖然經濟學家對它的定義不太明確，但技術通常是指有助於改善我們利用其他生產要素的任何事物。技術和土地、勞動力及資本不同，它讓這些生產要素發揮作用，能確保這些因素以最好的方式結合利用，所以能用同樣的生產要素製造更多東西。

把技術視為知識或「訣竅」，你擁有越多做蛋糕的知識，即使用同樣的烤盤（土地）、同樣的勞動力（你）和同樣的資本（木湯匙），也能做出更多或更好的蛋糕。技術可以是包含細微改進的新食譜，就算它使用和以前相同的生產要素。

「技術」這個詞彙往往會讓人聯想到近年來最耀眼、最前衛的創新：iPad、網路、自駕車等。但技術不只如此，「訣竅」包含法治、發明和專利。通常最能提振成長的技術都非常簡單，甚至有點平凡。舉例來說，劍橋大學經濟學家張夏準（Ha-Joon Chang）提出，與網路相比，不起眼的洗衣機對經濟成長的推動更大。[20]洗衣機讓人們（尤其是女性）可以花更少的時間做家事，空出時間讓她們進入勞動力市場——本質上加倍勞動力供給。

在這個公式中，技術可能沒有勞動力、土地和資本那麼明顯，卻至關重要，決定其他三個因素結合後的效率，最終決定它們如何結合才能產生成功的經濟。這有助於每個人獲得更大的蛋糕，而且不用在攪拌碗裡加入更多材料。

經濟成長並非全都是正面影響

一旦你掌握這四個要素，就可以開始回答章首的問題。因為經濟成長，你比祖先更富有。經濟成長來自幾個要素的結合——最重要的是技術的改善。經濟成長為你的生活帶來數不清的好處：更好的醫療、教育及食物；名牌服飾、智慧型手機和電漿電視。

難怪政治家與經濟學家都著迷於經濟成長。經濟萎縮時，被視為一場國家災難——任何在新聞上看過二〇〇七年至二〇〇八年金融危機的人都會記得這一點。在英國，達成並維持經濟成長經常被視為政府最重要的經濟目標。

不過，我們不該被沖昏頭，經濟成長對人民的生活不一定都是正面影響，至少某些經濟學家不這麼認為。

成長的負面影響引起庫茲涅茨的興趣，因而展開這項研究。他在一九五五年的論文提出一個模型，列舉在某些情況下，成長可能會加劇不平等。他的論證很簡單：在經濟成長的早期，所得不均很可能隨之而來，庫茲涅茨認為隨著經濟成熟，不平等的程度終會下降。然而，他也是首批指出成長帶來潛在問題的經濟學家，今日許多學者認為過度成長可能不是好事，在某些情況下，成長可能帶來不平等、幸福停滯，甚至環境破壞。

在通往高ＧＤＰ的這三項「障礙」中，所得不均或許是最廣為討論的。在庫茲涅茨提出經濟成長會催化不平等的理論後，許多經濟學家開始驗證這個理論，他們發現在許多情況下，庫茲涅茨是對的。成長的好處很少平等地落在每個人身上，尤其是因為技術進步帶動的成長。

當新技術出現時，會打破舊有的行事方式，這或許會讓某些人受益，但是鮮少讓每個人都受益，至少短時間內不會，有些工人可能會失去工作，他們的技能會被新技術淘汰，例如車子發明後，馬車車夫就失業了；或是自駕車出現後，計程車司機可能會被迫失業。

在當代社會中，超市可作為這個過程的例子。近年來，許多超市引進自動結帳機取代收銀員，這對顧客有益，因為許多購物者能快速結帳，減少排隊時間；也對超市店長有益，因為投資自動結帳機比僱用收銀員便宜，結果生產力提升，經濟也因此成長。但是也有不好的一面，收銀員可能會失業，收入減少；同時，高技能的超市工作人員，例如經理，或許還能保住工作，甚至最後因為公司營收增加而拿到更高的分紅。整體來說，超市生產力提升，經濟成長，但是不平等也出現了。

根據庫茲涅茨指出的，不平等的加劇幾乎是快速經濟成長無可避免的後果。他尤其感興趣的是，經濟體開始大幅從農業轉型到工業時，因為技術的進步，不平等會如何加劇。已經住在城市裡的人，例如工廠老闆，可能會發現收入增加，突然可以僱用從鄉下來的廉價勞力製造更多東西，這加大城市居民和農村居民的收入差距，城市裡的富人更富有。同時，由於低薪工人的湧入，城市裡的工人薪資也可能很低。

庫茲涅茨相信這個過程不會永遠持續下去，認為最終城市裡低薪員工的薪資會增加，隨著工廠老闆越來越富有，或許會為員工加薪；廉價工廠工人或許會透過教育或技能訓練，提升人力資本，找到更高薪的工作。隨著經濟成長的好處開始在經濟體中擴散，失業的收銀員或許能找到另一份工作，甚至可能是更高薪的工作。

通往經濟成長的第二個障礙並未被廣泛討論，但是或許更加重要：幸福。許多經濟學家試圖描繪經濟成長和幸福之間的關係，起初金錢似乎真能買到幸福。一九七〇年代，賓州大學（University of Pennsylvania）經濟學教授理查．伊斯特林（Richard Easterlin）開始研究有關幸福的資料。他發現，平均而言，富人比窮人更幸福；富有國家的人口比貧窮國家的人口幸福。舉例來說，在一個國家內，只有四分之一的低收入族群表示「非常幸福」，而高薪族群則有半數說他們非常幸福。

這並不奇怪，收入增加讓人們可以買到生活所需的基本商品和服務，例如食物、住所、醫療保健、教育等，所以在第一章中討論「效用」的古典理論——金錢可以很好代表人類的欲望和需求似乎成立。

但是資料中有一個陷阱。一旦國家的財富達到某一點，幸福似乎會隨著時間推移而穩定，在某些情況下，它還會下降，這種現象稱為伊斯特林悖論（Easterlin Paradox）。舉例來說，伊斯特林最近發現，在智利、中國和南韓，人均GDP都加倍了，但是整體幸福感卻輕微下跌。[21]不只是整個經濟體如此，在個人和家庭層面也是這樣。一項研究發現，薪資未達七萬五千美元之前（相當於今日的九萬美元），幸福感會上升；但是超過七萬五千美元之後，即使薪資再增加，幸福感也不會增加。22

對此，有一個相當簡單的解釋。伊斯特林表示，這是一種社會比較：高收入的人之所以幸福，是因為將自己的收入和不如自己富裕的人比較。但是當經濟成長時，不那麼富裕的人賺了更多的錢，收入的差距減少了。同時，在個人層面上，隨著收入的增加，你賺的每一分錢都會產生「邊際效用遞減」（Diminishing Marginal Utility）；換句話說，你所花的每一元，對自己幸福的投資報酬率都會減少。如同在第一章討論的，這種現象在商業界成立，每多花一分錢都會減少利潤，也能應用在個人的情緒上，如果你沒有車，買一輛車或許會讓你非常開心，但如果你已經有三輛車，買第四輛車對你的幸福程度不會有太大影響。

復活島的悲劇

第三個障礙是環境，根據一些經濟學家表示，過度關注經濟成長不只會帶來不平等與幸福感的停滯，也會破壞自然環境。這和我們成長食譜的第一個要素有關：土地。經濟成長需要自然資源，從提供汽車動力的石油，到智慧型手機電力使用的鈷。這表示在短期內，用盡自然資源可能會改善人們的生活品質；但是長期而言，自然世界的破壞、資源的枯竭和氣候變遷將降低生活品質。從這個角度來說，無止境成長的所有假定好處都是短視的。

經濟成長和環境惡化之間的緊張關係並非新鮮事，以復活島（Easter Island）為例，那是一座離智利海岸兩千英里遠的島嶼，人煙稀少，今日這座島因為巨大的石像和偏遠性而聞名。然而在十五世紀前，島上有一萬至兩萬名居民，具備繁榮的文明和繁榮的經濟，但是歐洲人在一七二〇年代抵達該島時，遇到的卻只有寥寥三千人，大家去哪裡了？

一些研究人員認為答案很簡單：復活島居民耗盡島上提供的自然資源。在最具戲劇性和最令人震驚的故事版本中，問題出在摩艾（moai）石像，這是散布在島上的巨大石像，是島民的宗教核心。在故事中，島民砍樹製作工具，以便建造並運送摩艾石像，也許更有可能的是，島民砍樹製造捕魚所需的獨木舟。無論如何，經過一段時間後，沒有樹木可以做獨木舟了；沒有獨木舟，島民或許會吃其他農產品和動物，但是沒有樹木，土壤侵蝕加劇，作物產量下降，結果是人口災難性下降，或許缺乏食物造成的內戰也催化人口減少的現象。歐洲人在一七二二年登島時，島上森林幾乎砍伐殆盡，[23]這是經濟成長導致環境過度開發的一個例子。

許多人類學家認為，復活島人口崩潰的原因，或許比這個故事更複雜。然而對許多經濟學家而言，它仍象徵過度成長的危險。過度成長可能會帶來環境的動盪，但這一次可能是全球性的。這些研究人員指出，多數經濟模型忽略環境，並未列入環境破壞的成本。一部分可能因為自然資源難以定義貨幣價值，研究估計在二〇一一年，整個生態圈的經濟價值在每年一百二十五兆美元到一百四十五兆美元之間，[24]相較之下，同期全球GDP是七十二兆美元。最近一項研究稱此為「自然資本」（Natural Capital），展現在我們呼吸的空氣品質、飲用水品質和綠色空間的數量等。[25]

經濟模型忽略環境的趨勢似乎特別目光短淺，因為在許多案例中，當下的成長會阻礙以後的成長。氣候變遷會帶來數不清的破壞，數不清的破壞往往對GDP不利。有些研究估計，氣候變遷到了二〇五〇年可能會讓全球GDP減少近一五%。[26]我們已經在某些人的生活中看到這些影響。舉例來說，近期一份學術研究估計，二〇一八年的加州森林大火為美國經濟造成約一千一百億美元的損失，占當年美國GDP的〇．七%。27即使氣候變遷已經祭出如此巨額的帳單，但還是有許多人認為量化氣候變遷的嘗試，永遠無法完全公正反映環境因為經濟成長受損而帶來的真實成本，畢竟有誰能真正為自然界定價？

經濟成長對環境的影響

你不需要真的打造時光機，才能理解GDP的力量。如果你翻開家族的舊相簿，就能看到我們比以前富裕，大多數人住在設備更好的房子裡、有更多假日、比祖先接受更好的教育，都是GDP成長的結果：人們消費、賺取與生產的總和。

時光機更有趣的用途或許是前往未來，而非回到過去。直到現在為止，經濟成長通常會帶來更繁榮、更好的生活品質，甚至更幸福（雖然有些爭議）。但這通常不是簡單的過程，經濟成長不一定平等地為每個人帶來更好的生活品質，可能導致更大的不平等和失業問題。展望未來數十年，更令人吃驚的是世界經濟成長對環境的影響程度，有人會說這種過度成長可能破壞環境。

這並不表示我們必須放棄成長，許多經濟體已經開始因應氣候變遷，同時仍維持GDP的成長。在這方面，如同先前提及的經濟成長，技術至關重要。為了因應氣候危機，許多經濟體已經增加對綠色科技的投資，這項投資或許不只能處理環境惡化，也有助於經濟持續成長，尤其是如果創造新的工作機會和投資，進而增加GDP的話。

然而，關於經濟成長和環境的關聯仍令人擔憂，這個問題沒有簡單的答案，光靠經濟學也無法提供所有解答。下一次你真的發現自己坐在時光機裡，請快轉到一千年後，看看後代是否過得比你更好。

第五章

為什麼很多衣服都是亞洲製造？

——比較利益與貿易的巨大力量

討論比較利益、貿易的巨大力量和二〇〇五年的內衣大缺貨。

看看身上服飾的標籤，你注意到什麼？除了發現自己可能需要新T恤外，如果你在英國，可能還會發現自己的每一件衣服幾乎都是國外製造。不只是T恤，細數客廳裡的「製造」商標，可能會找到超過四十個國家，檯燈是丹麥製造、沙發是義大利製造，以及電視是台灣製造。宜家家居（IKEA）是瑞典公司，但Billy書櫃卻是德國製造。[1]

如果書架的標籤有足夠空間，可能會寫著「德國、斯洛伐克、波士尼亞、中國、波蘭、捷克共和國及羅馬尼亞製造」，最初設計來自瑞典的家具商、木材是波蘭的樹木，以及組裝書架的螺絲來自中國和波蘭，在德國製造，使用來自另一個國家的機器，最終成品書櫃被運送到世界各地的宜家家居倉庫，準備銷售，我們的書架至少在六個國家生產，或許是更多的國家。

物品越複雜，涉及的地方似乎就越多。平均來說，一支智慧型手機在製造過程中，大約環遊世界二十次，投入近五十個國家的心力；機翼裝上飛機主體前，可能要跨越國境十幾次。

雖然這些交換和變化聽起來是很炫的高科技，但原則上卻沒有新鮮之處。貿易已經存在數個世紀，早在飛機時代和網路購物時代之前，那是因為貿易為從事貿易的人帶來顯而易見的好處，本章將解釋如何做到這一點。

專業化的優勢

珍妮佛．克拉克（Jennifer Clark）是英格蘭銀行最快的三項全能運動員。二〇二一年，她參加歐洲鐵人三項錦標賽，以驚人的兩小時十一分完成一千五百公尺游泳、四十公里自行車和十公里路跑，讓其他參賽者為之震驚。她在下週一回到針線街時，銀行員工（必須承認他們不是世界上最擅長運動的人），會對他們之中這位新晉奧運選手肅然起敬。

好厲害，但是克拉克的紀錄與世界頂尖鐵人三項運動員相比就相形見絀了。在撰寫本書時，「標準距離」（Standard Distance，奧運賽事長度）的鐵人三項紀錄保持人是西蒙．萊辛（Simon Lessing），身為英國運動員的他在一九九六年鐵人三項世界錦標賽（Triathlon World Championships）中，以一小時三十九分五十秒完成五十一．五公里的賽程，其中游泳十八分鐘、自行車五十分鐘及路跑三十一分鐘。[2]

真快，但是沒有世界上最快的專業游泳、自行車或賽跑運動員來得快，遠遠不如。一千五百公尺游泳紀錄保持人是中國的孫楊，他以十四分三十一秒游完這段距離；十公里長跑紀錄保持人是烏干達的約書亞．切普特格爾（Joshua Cheptegei），時間是二十六分十一秒；以及世界上最快的自行車手是比利時的維克多．坎佩爾茨（Victor Campenaerts），以四十三分完成四十公里賽程。[3]歷史上最快的鐵人三項運動員，也比不上最快的游泳選手、自行車選手和賽跑選手。

銀行行員不如專業鐵人三項選手來得快的消息，或許不會特別讓人驚訝：畢竟經濟學家被僱來發展經濟政策，而不是賽跑、游泳或騎自行車，但是這也暗示一個至關重要的經濟原則：專業化的力量。專業的全職鐵人三項運動員比非專業的兼職運動員來得快，而專精於單一技能的人又更快，無論是賽跑、游泳或騎自行車。專業化解釋萊辛不像我們這麼擅長撰寫研究論文的原因，也解釋我們跑得沒有萊辛快的原因，還解釋為什麼萊辛游泳不如孫楊、賽跑不如切普特格爾，或是騎自行車不如坎佩爾茨。

為了理解專業化的經濟意涵，有必要再次深入研究斯密的研究。在《國富論》中，斯密提出員工的專業化有利於整體經濟，正如運動員的專業化能加速整個鐵人三項的速度一樣。他認為，專業化是推動經濟效率提高的主要力量。

為了證明自己的觀點，斯密向讀者講述曾參觀的一家別針工廠。在他寫作時，正值工業機械剛剛開始改變環境，斯密對英國各地湧現的磨坊和工廠的效率感到驚異不已，他認為這些工廠的價值在於允許更大程度的專業化——不同員工的「分工」。

斯密觀察到，實際上每個員工分別專注在別針製作流程中的一個環節。製作別針包含十八項不同的任務：拉線、切段、放上針帽等。如果工廠裡的十個員工，每人獨立完成全部十八項任務，一天最多只能生產兩個別針；但是如果每個人專責別針製程的某個環節——我切線、你放針帽等，同樣的十個人一天可以生產超過四萬八千個別針。斯密寫道：「以這種方式，分成大約十八項不同的工作，在一些工廠裡，這些工作都是由不同的人完成。」[4]

斯密認為，專業化的好處是多方面的。代表員工不需要浪費時間轉換任務——不只是移動到新的工作站，還要適應每個新角色；也減少訓練每個員工所需的時間和資源：工廠老闆只需教導每個員工一項任務，而不是全部十八項。這能節省時間和金錢，為工廠老闆創造更大的邊際利潤，或許也能讓員工得到更高的工資。

此外，重複做同樣的任務意味著你變得更擅長，甚至可能成為專家。專注於裝上別針針帽的工人，可能比專注於切電線的人更熟練。此外，有些別針工廠工人或許比其他人更擅長某個生產環節，因為有更好的視力或更高的靈敏度，因此更適合要求高精細度的工作，而非使用蠻力的工作。整體來說，如果每個員工只做比工廠其他員工更擅長的任務，就會生產品質更好的別針。

大約兩百五十年後，這種對專業化重要性的了解仍是經濟學裡最有力的觀點之一。事實上，這個觀點重要到舊版二十英鎊紙鈔背面，就印著斯密著名的別針工廠，旁邊還有一句不太好記的話：「別針製作的分工：（以及因此大幅增加的工作量）。」

這句話能印在現金上，因為它的含義遠遠超出別針製造。再以鐵人三項運動員為例，同樣的原則也解釋為什麼專業的跑步選手、自行車選手及游泳選手，會比一個鐵人三項選手來得快。鐵人三項選手在每一段賽事都必須更換裝備和鞋子，從濕泳衣、萊卡（Lycra）自行車服到跑鞋，即使是奧運選手也得花三十秒到四十五秒才能換裝完畢。[5]如果是三個不同的運動員參加比賽，就能節省七十五秒的比賽時間，也可以免除一些不幸的換裝意外。

更重要的是，可以讓每個運動員更專精於擁有優勢的任務，無論是跑步、游泳或騎自行車，例如他們可以日復一日地練習跑步技巧。如果每個世界上最快的專業運動員在接力賽中專注於喜好的項目，鐵人三項的完賽時間就可以減少十五分十二秒。專攻某個狹窄的領域，不只有利於運動員個人，整個團隊的成績都能更好。

從經濟學角度來看，專業化對每個人來說都能更堅持自己擅長的事，也讓其他人做他們擅長的事。在別針工廠是如此，專業化讓生產力大幅提升；在鐵人三項是如此，專業化表示每個人都能更快完賽。此外，在經濟生活的每個面向都是如此，在英格蘭銀行中，經濟學家和警衛是不同的人，每個人都在發揮他們的相對優勢，如果要保護金條不被竊賊偷盜，經濟學學位派不上用場；相反地，解除入侵者武裝的知識在發展經濟政策時也沒用。[5]

自斯密時代以來，專業化的全部力量已經釋放到他無法想像的程度，許多工廠只生產成品的一小部分。舉例來說，有工廠只製造電話裡的晶片，或是只生產汽車的某個零件，然後到其他地方組裝，這些零件本身的價值不高，但是等到它們和其他特殊零件組合在一起，就能組成我們都賴以生存的物件。

專業化和分工的國家應用

別針生產和你的T恤有什麼關係？專業化和分工也適用於國家層級。想像一個世界裡，每個國家都必須在國內自行生產商品。如果只能利用英國的農產品，英格蘭銀行的經濟學家每天都得吃牧羊人派和約克郡布丁，都只能穿粗花呢布做的衣服，本書也只能用舊式的帝國打字機寫成，沒有美國的軟體幫忙確認拼字是否正確。這種情況讓人無法理解。

當然，我們誇大了，但原則是成立的。謝天謝地，這不是我們居住的世界。就像斯密的別針工廠工人，國家也傾向專門生產某些東西——最擅長製造的東西，然後透過貿易交換這些物品，台灣以晶片聞名；德國以汽車聞名；法國以紅酒聞名；在英國，我們生產大量的金融服務，因為英國公司擅長此道。

這些國家專業的發展可以有好幾種理由。舉例來說，英國擅長提供金融服務，是因為有高教育程度的人力和強大的法律制度，隨著英國金融業的發展，越來越多人接受培訓，加入其中，進一步加強英國在該領域的專業化。當人們受到更好的訓練，變得更專業化時，即可用比其他國家低廉的價格提供更好的金融服務，而且那些國家在這一行的工作人員較少。

有時候，這些專業的發展得益於當地的地理條件。舉例來說，義大利克雷莫納（Cremona）以製造小提琴聞名，在十六世紀開始，為了皇室對樂器的需求日增而開始發展。小提琴主要使用楓木和雲杉這兩種木材，在倫巴迪（Lombardy）地區隨處可見，所以克雷莫納自然成為這項新興產業的中心。這個產業後來持續發展，隨著時間的推移，城市裡許多工匠都精於製造弦樂器，時至今日，義大利每年出口的弦樂器中有八成是由克雷莫納生產。[6]

換句話說，每個國家在生產某樣商品或服務時，都能擁有「絕對利益」（Absolute Advantage），無論是因為氣候、歷史或運氣。在許多案例中，其他國家不可能與有絕對利益的國家競爭，一個國家或地區比其他地方更擅長製造某樣東西，或是在同樣資源下生產的數量更多。英國沒有那麼多的香蕉田是有原因的；從絕對意義上來說，英國的氣候比厄瓜多更不適合栽種香蕉。

但現在是全球暖化的時代；萬一英國的天氣因為氣候變遷而改變呢？想像一下這樣

的世界：英國南方海岸變成熱帶天堂，布萊頓（Brighton）沿海點綴著棕櫚樹，馬蓋特（Margate）越來越像邁阿密，從厄瓜多進口香蕉，還會比自己種植便宜嗎？

這就是事情變得更複雜的地方，因為答案或許仍是「肯定的」，因為英國土地稀少，南方海岸的土地更是有限，即使可以生產高品質的香蕉，轉而種植香蕉就代表英國農民必須減少其他作物的生產，如草莓、馬鈴薯或小麥。

這就是經濟學家說的比較利益，做你做得相對較好的事，同時放棄做得相對不好的事；或是從技術上來說，生產與其他國家相比，機會成本最低的東西。例如在英國南部海岸種植一串香蕉和一籃草莓都需要同樣的空間，種一串香蕉的成本是一英鎊，而一籃草莓只需要五十便士；另一方面，在厄瓜多只要十便士就能種植一串香蕉，卻要花費四十便士才能種出一籃草莓。

厄瓜多顯然在水果種植方面有絕對利益，兩種水果的生產成本都比英國低，但是就這兩種水果而言，厄瓜多農民放棄種植成本比香蕉貴四倍的草莓，只種花費最少的水果；同樣地，英國農民在南方海岸種植香蕉的成本是草莓的兩倍，表示若想帶來更多利潤，不要花費那麼多資源，英國農民只種草莓，厄瓜多農民只種香蕉。英國選擇草莓，而厄瓜多選擇香蕉，並且兩國互相交易這些水果，在經濟上最有利，兩國都能得到更好的結果。

比較利益的理論是十九世紀經濟學家李嘉圖提出的偉大創新理論，我們曾在上一章短暫討論這位學者。李嘉圖出生於斯密之後的半個世紀，是一個富有的商人，在閱讀《國富論》後開始探索經濟學。李嘉圖採納斯密的專業化理論，並應用到整個國家，他提出一個經濟體藉由專注發展有最大比較利益的產業，可以加速經濟成長。

但是李嘉圖也清楚，如果比較利益想發揮最大效果，還需要其他東西：貿易。國家需要和那些擁有比較利益的國家交換物品與服務，這樣的貿易意味著，即使英國種植草莓、義大利設計小提琴、台灣製造晶片，你在倫敦、米蘭或台北也都能買到草莓、小提琴與晶片。

貿易不是新鮮事，即使在李嘉圖的時代也是如此。絲路是世界上最古老的貿易路線，從西元前二世紀即連結中國和羅馬帝國。[7]隨著歷史的發展，國際貿易緩慢又穩定的發展。到了十七世紀，在歐洲已能買到美國生產的蕃茄、咖啡和巧克力。十九世紀，郵輪和火車的發明將全球貿易帶到難以想像的程度。正如凱因斯在一九一九年觀察到的，

「倫敦居民可以一邊在床上啜飲早餐茶，一邊透過電話訂購，享受全球各種農產品，想訂多少就訂多少，並且合理預期這些產品很快就會送到家門口。」[8]

全球化的彼此經濟依賴

時間快轉到二十一世紀，我們活在一個貿易的世界裡，就連一百多年前的凱因斯都無法想像。上個世紀專業化和廉價運輸結合的迷人效果，讓全球交易的數量更勝以往。事實上，自一九〇〇年以來，貿易已經增加四十倍，[9]因此我們感覺世界變小了。全球化——世界經濟日益相互依存，代表全球消費的商品與服務，有絕大多數都來自多個國家。

因此，這便能解答你衣櫃裡的T恤大多是亞洲製造的原因。亞洲最大的比較利益是低廉的勞力成本，許多T恤都是中國製造，中國主要是低技能人群，並且人口眾多，因此薪資低廉。二〇一九年，中國工人的平均年薪是九萬零五百零一人民幣，約一萬四千美元；同期美國的平均年薪則是五萬三千四百九十美元。[10]美國的人口較少，而且平均來說教育程度較高，所以要求更高的薪資。因此在中國等開發中經濟體，生產T恤等涉及大量非技術勞工的任務成本更低。中國經濟對製造業的重視，有助於將便宜的商品出口到許多國家，並使該國成為經濟強國，中國的製造業工作數量超過一億兩千八百萬，占GDP近三分之一。

隨著經濟變得更加全球化，國家之間的貿易也發生變化。實體商品仍很重要：根據世界貿易組織（World Trade Organization, WTO）的報告，二〇二〇年實體商品占全球貿易的七七%。[11]但貿易規模也代表這些商品的生產，比以往都更專業化。多數實體商品現在需要許多不同國家的投入，據報導，二〇二〇年蘋果（Apple）從近三十個國家取得零件，每個國家製作不同的高度專業化零件，再組成像iPhone這樣的產品。[12]

但是貿易不限於實物，服務的轉換現在也占全球貿易的二三%。這些服務多在交流想法，例如研發；較少依賴勞動力，更多依賴如網路等技術。在購買音樂和電影時可以看見這種轉變，你上一次購買CD聽音樂，或是購買DVD看電影是什麼時候？我們也忘了。這種從實體商品轉換到如串流或訂購服務等數位服務，可以視為另一種貿易——交換的是資訊和資料，而非任何實體產品。雖然多數貿易沒有官方統計數字，但這種數位交換規模十分巨大，包括數位資訊的流通，例如電子郵件、YouTube內容和社群媒體。

這類貿易每年價值總計超過八兆三千億美元，如果加上官方統計，將相當於整體貿易流量增加二〇％。[13]

更多的貿易不一定都是好事

這是否意味著更多的貿易一定都是好事？有些人可能如此認為，這勢必會導致更便宜、更好的商品，以及最適合他們的工作，但多數人認為沒那麼簡單。

在過去二十年，所謂的自由貿易問題已經成為政治上的燙手山芋。在已開發國家，從二十世紀末開始，曾擁有龐大製造業的富有國家已經出現製造業沒落的情況，這些產業發現無法與亞洲國家或其他開發中國家的低勞力成本競爭，導致製造業的工作「外包」給低收入國家。如果我們在二十世紀中撰寫本書，很可能我們的T恤是在英國製造，但今日就不一定了。

可以理解的是，高收入國家製造業工作的減少會帶來爭議，在最極端的案例中，有些國家會制定政策，保護國內的工業和工人免受國外競爭。

回想一下二〇〇五年夏天。威廉王子（Prince William）畢業於聖安德魯斯大學（University of St Andrews）時，「起笑蛙」（Crazy Frog）風靡排行榜，掌上遊戲機ＰＳＰ（PlayStation Portable, PSP）剛開始在歐洲各地開店。本書作者當時還是不起眼的青少年，對全球供應鏈物流的興趣才剛萌芽；事實上，我們的主要興趣還是去海灘要穿什麼。不過我們逛那些商店時，發現掛衣桿都是空的，這是怎麼一回事？

答案是貿易戰，這個詞彙是指國家間貿易壁壘的升級。即使在全球化時代，國家間的貿易也很少是完全「自由」的。許多國家徵收關稅，本質上是對從國外進口的貨物徵稅；或是限額，也就是限制一個國家向另一個國家出口的數量。在貿易戰中，國家對競爭對手施加更多或更高的壁壘，這些戰爭沒有坦克或部隊，或許更適合稱為貿易爭端，但是仍會造成巨大破壞。

在二〇〇五年事件中，交戰方（或爭執方）是歐盟和中國。長久以來，所有紡織品都有一個全球配額，稱為《多邊纖維協定》（Multi Fibre Agreement），後來稱為《紡織品與服裝協議》（Agreement on Textiles and Clothing），限制如中國等開發中國家能出口多少服飾到如歐盟的已開發國家。這份協議保護已開發國家的服飾製造商，不會被那些可以極低價生產服飾的國家搶走市占率。

但是在二〇〇五年開始，協議被廢止，服裝貿易不再受到配額限制。問題是，西方許多國家尚未準備好迎接即將面對的激烈競爭。到了那個夏天，美國從中國進口的服飾增加一〇〇%；歐盟則增加二〇〇%。[14]這就是問題所在，包括西班牙和義大利的許多歐盟國家早已存在國內製造業，但卻突然面臨前所未有的競爭。

結果歐盟實施年度貿易限額，限制中國商品的進口數量；但中國政府認為不公平，因此採取強烈反擊，幾個月內，中國超過配額的服飾大量湧入歐洲。因為這種「傾銷」超出限額，歐盟拒絕允許更多服飾進入商店，大約八千萬件商品滯留在港口。

二〇〇五年夏天，有四百萬件內衣滯留在歐洲港口貨櫃箱或倉庫裡，因此這場糾紛很快被命名為內衣戰爭（Bra War）。但內衣不是唯一的受害者，還有四千八百萬件套頭毛衣和一千七百萬件褲子。[15]

有人贏得戰爭嗎？想為假期購買夏裝的消費者荷包受害，只能購買來自沒有製造服飾優勢的國家製作的衣服，所以必須支付更多錢，還要面臨套頭毛衣、褲子、女性貼身內衣，以及暑假會看到的泳衣短缺。

歐洲製衣業者受惠一段時間，歐洲人別無選擇，只能向鄰近國家購買衣服，但是許多歐洲零售商抱怨無法取得可銷售的商品，價格也和以前不同；而中國製造的衣服失去市場，不能在歐洲販賣。

從長遠來看，沒有人真正贏得這場貿易戰，多數貿易戰都是如此。二〇一八年開始的美中貿易戰，不只傷害直接相關的兩個國家，也傷害全世界。當時美國和中國的ＧＤＰ預計下降近二％，而全球ＧＤＰ下降約一％。[16]

貿易戰的風險

所幸在內衣戰爭中，歐盟與中國最終和解了，歐盟放行這些服飾，並允許中國將部分超出的數量計入隔年配額。近年來，歐盟國家增加投資高附加值產品與技術，以製造風力渦輪機和電動車等商品，不再仰賴需要勞工的服飾業；換句話說，它們專注在自己有比較利益的商品，也阻止未來再次發生服飾貿易戰。

然而，要完全消除貿易戰的風險是不可能的，只要國家間存在利益衝突，貿易戰仍有可能存在，儘管政策制定者已經試過了。降低貿易戰風險的方法，包括貿易協議、兩國的雙邊協議，或是幾個國家承諾遵守共同貿易規則，組成「貿易集團」。在許多情況下，它們在相互貿易時選擇減少或取消關稅，也經常會針對共同的商品標準進行協商，貿易戰不太可能發生在有共同貿易協議的國家之間。貿易集團不是新產品，最古老的集團德意志關稅同盟（Zollverein，德國關稅聯盟）成立於一八三四年，包含德意志邦聯的大部分區域，現在為部分的德國、奧地利、捷克、盧森堡及其他周圍國家。就像許多現代貿易集團一樣，它消除成員國間的貿易壁壘。在這個集團成立前，邦聯內大約有一千八百項關稅壁壘，[17]消除這些壁壘可以讓貿易更快速、更順暢，也可以為貿易者帶來更大的利潤，為消費者帶來更好的價格。

今日的貿易集團也扮演類似角色，但是在更加全球化的世界，它們更為普遍。在歐盟，跨境運輸貨品的成本基本為零。你可能聽說的其他貿易集團，包括美國、加拿大和墨西哥組成的《北美自由貿易協議》（North American Free Trade Agreement, NFATA），現在稱為《美國—墨西哥—加拿大協議》（States-Mexico-Canada Agreement, USMCA）。二〇二〇年十一月，有史以來最大的貿易協議《區域全面經濟夥伴協定》（Regional

Comprehensive Economic Partnership, RCEP）簽訂，將現有的經濟聯盟東南亞國家協會（Association of South-East Asian Nations, ASEAN），與中國、日本、南韓、澳洲及紐西蘭等國家聚集在一起，這些國家總計占二〇一九年全球GDP近三〇%。[18]

這些貿易集團與協議是全球化的引擎之一，因為全球交換的成本降低，你的衣櫃更有可能裝滿海外製造的衣服。

並非始終一成不變的比較利益

二〇二〇年，中國出口的衣服約占全世界三分之一，孟加拉和越南各占約六%，再來則是土耳其與印度。如果只看衣服，你很合理地認為這些國家是世界上最具生產力、最富裕的國家。[19]

直到你改變焦點為止，如果觀察跨境服務，包含透過電子郵件提供的法律服務，或是觀光客到海外度假時在餐廳吃飯等，這種情況就會發生變化。美國遙遙領先其他國家，出口服務占全球一四%，其後是英國和德國。地球上最大衣物出口商的中國則排名第五，位居法國之後，占全球出口五%以下。[20]

現在你應該知道為什麼亞洲在服飾業是超級強國，但在服務業中卻是相對弱小的角色，這個現象與斯密的別針工廠邏輯相同，當時和現在一樣，提高效率的途徑都是專業化。

因為這項原則不只應用在工廠，也適用於整個國家，不同國家有不同的「比較利益」領域。在許多情況下，取決於各國能獲得的資源，也解釋瑞士以鐘錶聞名、比利時以啤酒聞名，而古巴則以雪茄聞名的原因。不過在其他情況下，一個國家的比較利益是一種社會現象：中國有出口T恤的本領，因為勞力低廉；英國可以出口專業服務，因為有高度專業化技能的勞動力。

然而，經濟史上最偉大的規則之一是，國家的比較利益很少會停滯不變，如果因為亞洲在服飾製造的領先角色，歸結這塊大陸只不過是全球廉價勞動力的來源就錯了。在過去幾年來，亞洲已成為世界上手機、電腦及太陽能板最主要的生產者，再過數十年，或許會成為世界汽車主要出口國。談到全球貿易平衡，沒有什麼是一成不變的，世界目前最大的生產者或許有天會向今日幾乎不事生產的國家進口服飾。

第六章

以前的十元零食哪去了？

——通貨膨脹為什麼對我們有益

討論通膨及其來源，為什麼東西變得便宜並不像聽起來那麼有趣，還有糟糕的新冠疫情時代理髮問題。

全英國人都在詢問一個迫切的問題，這個問題團結每個英國公民，無論富有或貧窮、年輕人或老人、北方人或南方人。每一年問起這個問題時，都會伴隨著越來越大的憤怒。

這個問題就是：Freddo青蛙造型巧克力的價格是怎麼一回事？

許多讀者會記得在數十年前，吉百利（Cadbury）的招牌小青蛙巧克力棒只要十便士（約台幣四元），但是在之後幾年，這個國家最喜歡的擬人化青蛙，笑臉似乎變得不再那麼喜氣洋洋，而是帶著更多嘲弄。[1]到了二〇一〇年，一包Freddo的價格達到十七便士；二〇一七年，售價已是令人驚訝的三十便士，即使二〇二一年價格稍降，在本書寫作時，我們最愛的巧克力兩棲動物一包也要二十五便士。[2]

本書不是鼓勵大家向吉百利抗議，我們知道Freddo不是特例，只是一個近乎無法避免的經濟過程，一個導致整體經濟價格逐漸上漲的過程。隨著時間，這個過程會侵蝕金錢的價值，減少你能用金錢購買的數量。

這個過程稱為通貨膨脹（Inflation），在許多日常生活的情況下，可能會被忽視，但是隨著時間，可能嚴重影響你的金錢流向。在極端的情況下，通膨會帶來災難性後果；

在較不極端的情況下，可能會對人們購買巧克力的習慣產生腐蝕作用，而Freddo及其愛好者已經發現這一點。

得知目前通膨率的計算方法

每年經濟學家和統計學家都會創造一份假想的購物清單，列出一般人會購買的東西，包括實體物品：麵包、牛奶、洗髮精、T恤、啞鈴、洗衣粉；還有一些服務：健身房會員、窗戶清潔。這些都被彙編成一份不太詳盡的摘要，說明一般家戶都會購買什麼。

統計學家追蹤一段時間內購買這些東西的成本，看看它是否正在改變，在許多情況中，他們真的會每個月到店裡確認價格。如果這份代表性購物清單在一年前要花費一百英鎊，現在要花費一百零二英鎊，價格上升兩英鎊或二%，意味通膨率是二%。

不是購物籃裡的每樣東西都上漲二%，有些東西可能漲得較多，有些只漲了一些，甚至有些變便宜了。在撰寫本書時，英國的平均物價累計上漲約二〇%，然而長途汽車票價上漲約九五%、一包花生上漲近七〇%，還有到古蹟的價格也增加超過六〇%。如果你遵循主要的通膨率，到倫敦塔參觀會比你預期來得貴，尤其是如果還想在那裡吃點心的話。另一方面，男性足球鞋價格下跌約二〇％、電腦遊戲價格下跌近三〇％，以及筆記型電腦價格幾乎折半，所以無論在網路上或真實生活踢足球，都會比二〇一〇年來得便宜。[3]

這個假設的購物籃應該裝進什麼物品，是被廣泛討論的問題，取決於你想要討論什麼。如果你想知道製造商品的公司費用增加多少，購物籃裡或許會是製造時所需的材料；如果你想討論的是一般家庭生活所需開銷，購物籃的內容就會截然不同，可能有很多麵包與牛奶，不會放進鐵礦石。

最常用和最常被討論的通膨指標，兩者都是為了衡量所謂的消費者物價，目的是檢視一般家庭在消耗品上的支出，而購物籃的內容要反映這一點。在英國，挑選購物籃內容的任務，落在英國國家統計局（Office for National Statistics, ONS）身上；在世界上其他地方，也有類似機構承擔這個任務。

「消耗」在這裡是一個關鍵詞彙，房價在大多數衡量消費者物價通膨時並不會直接占據重要位置，但如果想分析的是消費者物價購物籃，這種安排就很合理。你不會「消耗」

一棟房子，它不是你每個月或每週定期購買的東西，用過就沒了。在英國，消費者購物籃裡主要用來計算通膨的東西，的確考慮定期的住屋成本，也就是房貸或租金。還有另一個指標能捕捉更廣泛的概念——「生活費」（Cost of Living），這個指標會調整購物籃內容，以適應金額大小。

每個國家的購物籃內容都不一樣，法國的清單包含青蛙腿和焗烤蝸牛；德國有布拉德香腸與煎小牛肉片；英國則有「即食食品」，這是傳統週日午餐最重要的部分。[4]隨著時間也會有所不同，一九四七年英國國家統計局第一次挑選購物籃內容時，裡面有留聲機唱片和鱈魚肝油；時間快轉七十五年後，這些物品已經被拋棄，取而代之的是與現代消費者花費更相關的東西——網飛（Netflix）、調味乳、保險套。[5]二〇二一年，因為新冠疫情，英國國家統計局第一次增加洗手乳，因為它快速成為人們日常購物的重點。

就本質而言，購物籃具有代表性。雖然符合一般人的情況，但是極不可能符合每個人真正花錢的狀態，所以通膨率無法完美描述你個人生活費的變化。舉例來說，交通費上漲往往超過咖啡廳或餐廳的價格漲幅，如果你的收入有較高比例花在旅行上，你個人的通膨率可能會比那些經常外食的人來得高。

調查結果證明，人們經常認為官方的通膨率，低估他們生活費增加的程度，[6]這可能是因為他們的購物籃與統計學家使用的代表性購物籃不同。另一種可能則是，人們傾向更注意壞消息（較高的通膨），而不夠注意好消息（較低的通膨）。還有一個已被證明的偏見是，人們在心理上對經常看到的價格更重視，例如雜貨價格，而這些東西的通膨率常比購物籃的其他東西來得高。

找出通膨的蛛絲馬跡

如果你想知道個人的通膨率，有線上工具可以幫助計算。但是你也可以很容易算出一個非常粗淺的版本，只要下次去超市時，保留購物的發票，標示定期購買的物品，然後放到抽屜裡一年，相隔十二個月，拿到另一張購物發票後，找出同樣的物品，計算這些東西在一年間價格變化的百分比，就能得到你個人的通膨率。

當然，如果真的那麼簡單，世界上就不會有大批統計學家在計算通膨數字了。即使是我們的購物清單，也會看到裡面有些複雜的情況。如果你比一年前買了更多麵包呢？

統計機關會一直調整籃子裡不同東西的相對權重，好配合我們不斷變化的習慣。

還有品質問題，你怎麼保證沒有把蘋果和橘子放在一起比較？或是更準確地說，拿蘋果iPhone與諾基亞（Nokia）三三一〇相比？現在的手機和五年前的手機很難相提並論。諾基亞三三一〇在二〇〇〇年推出時，售價一百二十九．九九英鎊；iPhone 12在二〇二〇年推出時，售價五百七十九英鎊，[7]但是將近四五〇％的通膨率不能說明一切，最新的iPhone功能比舊款諾基亞來得多，不只能傳簡訊、打電話，還可以拍照、擴音、玩《糖果傳奇》（*Candy Crush*）遊戲，並透過網路取得世界上所有資訊，所以計算通膨的人相應調整估計是很重要的。這種品質調整問題在技術領域裡最明顯，在許多情況中，真正相同產品的價格在數十年來大幅下降（如果存在相同產品的話）。在品質調整的基礎上，英國的物價或多或少與一九八八年持平。

即使你定期檢查價格，可能也很難發現通膨。二〇一七年，英國國家統計局出版一份報告，指出有兩百零六種產品分量縮小，價格卻沒有相應地減少。以前一包有十二根魚條，現在只有十根；原本一盒有八十個茶包，現在只有七十五個；最讓人擔心的是，如果你以為一個捲筒衛生紙還有兩百二十一張，等你發現如今只有兩百張時，一定會很驚訝。經濟學家稱為縮水式通貨膨脹（Shrinkflation），從經濟學觀點來看，等於提高價格，你支付相同的價錢，但是拿到的東西變少，所以單價提高了。不過公司不一定總能得逞，點心公司億滋國際（Mondelēz International）在二〇一六年想要縮小瑞士三角巧克力Toblerone尺寸時，遭到巧克力行家強烈反彈，一年半後又恢復原來大小。即使Freddo也逃不過縮水式通膨，二〇二〇年澳洲消費者發現Freddo的重量和尺寸都縮水了，價格卻不變，因此怒不可遏。

永無止息的通膨

一九九四年十一月，英國出現一種新氛圍，英國國家彩券（National Lottery）讓國內每個人都有機會成為百萬富翁，只要花一英鎊買彩券即可。儘管贏得樂透的機率大約只有一千四百萬分之一，但第一批發售共有超過一千五百萬人，購買三千五百萬張以上的彩券，所有人都懷抱著成為「幸運兒」的希望。[8]

事實上在首次發行時，有七個「幸運兒」均分五百八十七萬四千七百七十八英鎊的獎金，也就是每個人大約能拿走八十四萬英鎊。這在一九九四年是一筆鉅款，可以買五千台掌上型遊戲機Game Boy、四十輛新推出的豐田（Toyota）休旅車RAV4，還有零錢買一副莫名奇妙受歡迎的螢光狂歡眼鏡；或是買下八百五十萬包Freddo。然而，想像一下樂透得主把獎品放在一個（很大的）行李箱，再塞進床底下，然後放到二〇二二年，[9]他們可能會很失望，不只是很難找到人轉售這些大量的Game Boy，金錢的價值或多或少也減半了。

自從一九九四年開始，英國國家彩券發展出很多副產品和變化玩法。其中一個迭代玩法——終生獎（Set for Life），讓那些花錢買彩券的人有機會贏得每月一萬英鎊的獎金，接下來三十年的每個月都能領獎。二〇二〇年十二月二十八日，二十一歲的詹姆士．伊凡斯（James Evans）或許正在期待結束因為全球新冠疫情而非常難熬的一年，他不知道在那一年結束前，自己會贏得終生獎，開始每個月領取一萬鎊，一直領到五十歲。伊凡斯的第一個反應是，計劃全家人到加拿大滑雪旅遊，依當時的價格要滿足那個夢想或許會花掉一個月的獎金，但是如果等到伊凡斯三十年的意外之財結束後，同樣的旅行可能要花費兩倍的價格，或是他必須把較不喜愛的一半家人留在家裡，二〇五一年的一萬英鎊遠遠不夠。

樂透不只是一個現代現象，有著悠久的歷史，國家樂透至少可以追溯到古希臘羅馬時代。英國第一次國家樂透在一五六七年出現，由女王伊莉莎白一世（Elizabeth I）所創，她希望在不採取讓人不喜的增稅方式下募得資金（有些人可能會說這沒什麼不同），當時最多發售四十萬張彩券，每張十先令，頭獎是五千英鎊，還有一些獎品，包括盤子、掛毯，當然還有起訴豁免權。在那個時代，五千英鎊可以買一千匹馬、四千頭牛或一百二十萬夸脫的好酒；但是到了一九九四年，五千英鎊對新版的國家彩券頭獎贏家而言只是很小一筆錢，對二〇二一年的伊凡斯而言，只是兩週的獎金。事實上，如果計算一五六〇年代五千英鎊等同於今日金錢的購買力，你必須贏得兩百七十萬英鎊。

雖然我們沒有那麼幸運能成為百萬富翁樂透贏家，但是上述例子也說明通膨的影響力，隨著物價上漲，口袋裡金錢的購買力下降了。在過去三十年，英國和世界上其他先進經濟體的通膨率平均約在二%左右，這是一個相對適中的數字，但是即便如此，仍足以在這三十年內侵蝕半數現金的購買力。

這一切代表通膨率是會引發強烈情感又高度政治化的議題，除非你積極抵銷通膨的影響，否則它有可能侵蝕你的購買力。以薪資為例，你或許認為英國員工的薪資在二〇二一年前的十年內，以每年二%的速度增加超過二〇%，乍看之下薪資很穩定地成長。不過一旦考慮通膨，很快就會發現人們用那筆錢可以買的東西幾乎沒有增加。因為通膨幅度符合薪資成長幅度，購買力的成長都遭到侵蝕。相反地，日本十多年來薪資平均增加低於一%，但是那段時間的通膨平均大致為零，這意味著工人仍可買到更多的東西，表面上加薪幅度較低，但重要的是結果卻更好。

從各方面來看，通膨定義我們的生活，通膨率對一系列長期決策都有影響，無論是退休金儲蓄、辦理貸款，甚至是計算你可以要求加薪多少。這也是Freddo現在貴上許多的原因；難過的是，你購買的大多數東西也是如此。

駭人聽聞的辛巴威通膨率

如果你在二〇〇八年於辛巴威購買一份日報，頭條會被一件事占據：通膨率。真的很高，事實上，通膨率高到如果你隔天購買同樣的報紙，頭條可能還是一樣的內容，但報紙的售價可能已經加倍，只經過短短二十四小時。當時辛巴威的通膨率是百分之八百億，如果這還不夠糟，想像第二天、第三天或第四天會發生的事，辛巴威人在一個週末，就經歷對大多數人來說一輩子才會經歷的價格漲幅。

辛巴威並非唯一經歷令人不安的高通膨時期的國家，從一九六〇年代中期到一九八〇年代早期，美國和世界其他地方都經歷所謂的「大通膨時期」（The Great Inflation）。因為油價飆升、政府支出增加及中央銀行的政策，每年物價以兩位數的速度上漲——通膨成為新聞頭條的常客，也是政治辯論的重要主題。在那樣的通膨率下，每五到七年物價就會加倍，手中金錢的價值會減半。如果情況維持三十年，你的購買力會降到只有最初的二%。

當然，百分之八百億的通膨率和兩位數的低通膨率不同，在辛巴威所見物價失控上漲，這種現象稱為「惡性通貨膨脹」（Hyperinflation）。關於通膨多少算高速成長並沒有嚴格的定義，但是如果你發現每週的購物費用與上期數字相比成長三位數，或許就能有把握地假設遇到惡性通膨。[10]這種惡性通膨在世界歷史上經常出現。大多數人至少對一九二〇年代重創德國經濟的惡性通膨略知一二，這也是導致政治動盪，並引發第二次世界大戰的原因。你或許聽過人們推著一車現金，試圖在它變得一文不值前花光。最近，匈牙利、希臘、阿根廷、委內瑞拉和黎巴嫩都曾經歷惡性通膨，據估計在上個世紀，平均每兩年世界上的某個地方就會出現惡性通膨現象。

雖然是極端事件，但是這些時期凸顯過度通膨對經濟的破壞性影響。一開始，高通膨使得企業幾乎無法經營。以價目表這個實際問題為例，在低通膨或零通膨的情況下，你只需偶爾改變價格，但是如果遇到高通膨，即使不是每個小時修改，也必須每天調整一次。如此就會產生成本——新的標示牌，還有你的時間，加起來也是大量支出。即使價格上漲相對穩定，這些所謂的「菜單成本」（Menu Cost）也很可觀。一份針對美國超市業的研究發現，這筆成本相當於公司三分之一的利潤率（Profit Margin）。[11]

對沒做生意的我們來說，高通膨也會對我們與金錢的關係造成有害影響。通膨減少口袋裡金錢的價值，當通膨高時，人們傾向減少隨身攜帶的錢，而選擇將錢投資在能得到更好報酬的地方，只在需要時才領錢，這表示他們傾向持有比理想狀態更少的錢，也必須更常到銀行領錢，也就是將他們的財富資產轉換回現金，這種成本稱為「皮鞋成本」（Shoe Leather Cost），因為你一趟趟地來回銀行，造成皮鞋穿破了。

一張公車票要價超過一百兆元？

還有一種成本，政府不得不一直重印鈔票。當金錢價值快速下跌時，即使是高面額鈔票也會很快失去價值，變得一文不值。二〇〇八年中，辛巴威用光印製新鈔的紙張，也買不起了，因為紙張成本超出紙鈔價值。價格增加得如此迅速，新面額宣布得如此之快，沒有時間也沒有能力可以買到有正確浮水印的新紙。事實上，價格變化太快，最終只能重複使用舊的浮水印。如果你拿到二〇〇八年兩百五十億元紙鈔，上面的浮水印會顯示，那張鈔紙在印製時原本打算作為五百元紙鈔。到了二〇〇九年一月，辛巴威最高面額的紙鈔是一百兆元，驚人的是一百兆元還不夠買一張公車票。

然而，與高通膨對整體經濟的影響相比，個人企業、消費者和政府面對的日常問題都顯得微不足道。或許通膨最具破壞力的影響在於，人們如何看待存款。

通膨可被視為持有金錢的一種稅，正如每個月薪資都要扣一點所得稅，通膨也會帶走你一部分的購買力。同時，通膨也減少債務價值，想像你向祖母借了一百英鎊，答應一年後會償還一百一十英鎊，利息是一〇%。[12]你們都認為那一年的通膨會是一〇%，所以那筆還款能買的東西和過去一百英鎊是一樣的。不過，如果通膨其實是二〇%呢？你還是欠了一百一十英鎊，但是在經濟學上，你必須付出的成本變少，你的購買力增加了；另一方面，可憐的祖母現在拿到一百一十英鎊，但是她能買的東西比預期少了一〇%，她的購買力下降。一切都是因為大部分債務是以經濟學家所謂的「名目價值」(Nominal Value) 計算，你欠祖母或銀行的債務是一個數字，例如一百英鎊，再加上祖母或銀行認為合適的任何費用，它不會是「實質價值」(Real Value) ——無論一百英鎊在你必須償還的那一刻是否等價。

這種因為通膨破壞債務價值的作用，對整個經濟產生無數影響。長久以來，對債務負擔沉重的政府來說，它產生巨大的誘惑——蓄意製造通膨，好減輕債務負擔。問題在於，這同時減少人們銀行帳戶裡金錢的價值。債務的減少是由通膨稅支付，這是一種徵收你購買力的稅。出於同樣的原因，通膨傾向將購買力從儲蓄者轉移至借款者身上，因為年輕時更可能是借款者，年老時可能持有更多的資產，通常也表示購買力會從老人轉移到年輕人身上。

高通膨的連鎖效應

如果高通膨的代價如此之高，為什麼還要有通膨？如果物價隨著時間一直下跌，每樣東西都變便宜，不是很好嗎？

如果你認為自己只是單純買東西的人，完全不關心其他事情，這個論點十分合理。問題是多數人不只是消費者，同時在經濟中扮演許多角色，我們是生意人，是員工、製造者及販賣者。當你開始以不同角色的脈絡思考物價下跌的問題，就會知道它和物價快速上漲一樣糟糕或更糟的原因。

以一九三〇年代初的美國為例，在一九二九年華爾街股災（Wall Street Crash）後，美國進入蕭條時期，隨之而來是通貨緊縮。到了一九三二年，物價以每年一〇%的速度下跌，問題在於需求不足，人們損失大筆金錢，所以無錢可花；那些還有錢的人在股災影響後也變得謹慎，所以持有自己的錢，不願意花錢。一切代表對企業販售的物品需求降低，企業因而削減成本，減少產量，希望能挽回一些急劇下滑的利潤。

這些削減的連帶效應是災難性的，代表工人的薪資變少，或是根本沒有薪資，經濟大蕭條的失業率最高超過二五%。至關重要的是，那些低薪或無薪的工人也是你公司或其他公司的消費者，所以減少他們的收入，讓美國經濟進入需求再次降低的循環，導致企業進一步削減開支，一再重複。

一旦通貨緊縮開始，就會有自己的動能。如果你知道明天某樣東西會便宜一〇%，晚點購買、多省一點錢就會很合理，對那些不常購買的高額商品更是如此，例如電視、冰箱和汽車。如果這種消費者行為只是短期現象，例如人們等待購物節特價，就不會構成大問題。持續通縮的問題在於，把支出推遲到明天總是較好，而且和削減薪資一樣，延遲購買的決定也減少今日的需求，這表示價格會進一步更快下跌，消費者更認為應該晚點購買，就可以節省更多錢，經濟學家稱這個自我加強的過程為「通貨緊縮螺旋」(Deflationary Spiral)。一旦經濟陷入這種螺旋，要把它拖出來是出名的困難。

通縮也為持有債務的人帶來麻煩，正如前述，通膨減少金錢的購買力，也減少債務的成本，就是償還債務需要的資金。隨著一百英鎊的價值變低，兩年前借的一百英鎊就不再是問題。通縮則相反，債務的真正成本會提高，因為以生活費或你的薪資來看，現在的一百英鎊比昨天更有價值。這意味著通縮並不像聽起來那麼吸引人。考量高通膨和物價下跌的成本後，經濟學家幾乎一致同意，最好目標是低而穩定的物價上漲。物價上漲的幅度應該夠高，如果發生不好的事導致物價下跌時，風險才會低，但是也不能高到有陷入惡性通膨的危險，確切目標還有待討論。許多高收入國家的目標是一年二%；有些經濟學家認為應該再高一點，例如三%或四%。但是幾乎所有人都同意，如果通膨達到一〇%，代價就會非常嚴重，從此物價飆漲的風險也會快速增加。

通膨的兩大驅動力

二〇二〇年初，許多人在那段時間最後一次專業剪髮。因為新冠疫情到來，全世界的美髮店都關門了，隨著封鎖措施持續，全球人口變得越來越邋遢，許多人開始幻想世界重新開放時，剪的第一個專業髮型不是由室友不熟練操刀，而是由專業理髮師設計。

但是當英國這些被渴望已久的美髮師，在二〇二〇年中重新開業時，顧客大吃一驚。因為新的健康風險，全國美髮師不得不購買新的安全設備，在每個預約之間更徹底地清潔設備，並讓顧客更分散，如此一來，便限制同一空間能容納的顧客人數，而這一切也增加每次剪髮的成本。許多美髮師轉嫁成本：在第一次新冠疫情封鎖十八個月後，理髮價格上漲超過八%。

儘管這種情況非比尋常，但仍讓我們得以一窺通膨的原因。在最基本的層面，通膨是上百萬人日復一日決定他們出售的東西該收取多少費用所造成。在做出那些決定時，多數生意人或許沒想到深層的經濟過程或理論，只想著該怎麼處理自己的成本，以及他們銷售的產品有多少需求。如果成本高一點，價格也會高一點；如果發現需求正在上升，或許也會誘使他們提高價格。

經濟學家傾向用相似想法區分通膨的驅動力，一方面是因生產投入成本增加，而使價格提高的力量（如疫情相關安全設備）：成本推動型通貨膨脹（Cost-push Inflation）；另一方面則是因產品和服務需求增加，而使價格提高的力量：需求推動型通貨膨脹（Demand-pull Inflation）。

我們依序說明這些力量。成本推動型通膨有四大驅動力。第一個驅動力是商品價格上漲，例如石油、天然氣或鋼鐵。以石油為例，一九七三年十月，石油輸出國組織（Organization of Petroleum Exporting Countries, OPEC，多為中東國家）宣布對西方國家實施禁運，報復這些國家當年在以阿戰爭中支持以色列，卻不知道這項決定會成為世界歷史的轉捩點。在接下來五個月，石油價格上漲三倍，導致一九七〇年代的通膨浪潮。

這是因為石油輸出國組織決定的影響不僅限於石油，石油在過去和現用於幾乎所有東西的生產過程中，無論是作為能源、製造如塑膠等產品的原料，或是作為運輸物品到全世界的燃料，油價上漲意味著其他東西的價格都會提高。生產者有兩個選擇：可以維持價格，用利潤吸收更高的成本；或是轉嫁多餘的成本，讓利潤大致保持一致，增加最終買家面臨的價格。如果生產者選擇前者，利潤會遭受打擊，或許會造成損失；如果選擇後者，則可能會遭遇產品需求下降，因為高價會讓買家望而卻步。實際上，生產者傾向選擇兼採兩者，一九七四年全球消費者物價提高一四％。[13]

第二個驅動力是匯率變動。想像你到瑞士阿爾卑斯山旅遊，一下飛機就買了一條瑞士巧克力，售價是十瑞士法郎，大約八英鎊，有點貴，但是反正你正在度假。享受一週的山間空氣、融化的起司及約爾德調（yodelling）後，你回到同一個機場，決定再買一條巧克力，支付同樣十瑞士法郎的價格，但你不知道的是，上週外匯市場出現波動：瑞士法郎兌換英鎊貶值一〇％，所以用英鎊計算，這條巧克力只要花費七．二英鎊，或許這是再拿一條巧克力的好時機。事實上，作者在二〇一一年九月也遇過這種事，到瑞士旅遊時，瑞士法郎在一天內貶值近一〇%。

透過這個過程，匯率的變動對通膨有很大的影響，會增加進口商品的成本。在二〇一一年的那一週，瑞士巧克力製造商從德國進口牛奶時，發現以瑞士法郎支付的價格立刻比平常貴了一〇%。在一個我們都依賴加拿大木材、南韓技術零件和厄瓜多咖啡的世界裡，這些匯率的累積成本可能非常重大。

第三個驅動力可能來自薪資的增加。然而至關重要的是，不是所有薪資的增加都相同，薪資變動的原因很重要。如果員工加薪是因為績效變好，生產力提高，或許不會導致通膨。假設你的工作是在一小時內製作一百個小工具，工資是十英鎊，這表示你每生產一個小工具，雇主會支付十便士。但是發明一些新奇的小工具製作技巧後，你發現自己每小時可以製作一百一十個小工具，所以雇主獎勵你，將你的時薪提高到十一英鎊。每個小工具的成本仍是十便士，所以沒有成本需要轉嫁給消費者。另一方面，如果加薪是因為公司找不到需要的員工，所以必須提高薪資，這將觸及公司的底線，可能導致價格上漲。

最後一個驅動力則是稅收。以二〇一八年為例，英國政府引進新的糖稅。這為可口可樂創造困境，該公司不像其他品牌選擇改變產品配方，降低含糖量，仍堅持原來配方，但這表示每瓶可樂的價格變高。二〇一一年一月出現一個相似卻更普遍的模式，加值稅（Value-Added Tax, VAT）的整體稅率從一七．五%提高到二〇%，意味著在沒有其他變化的情況下，原本售價二十五英鎊的T恤現在要多花五十便士。這可以從通膨數字中直接看出，二〇一〇年十二月約為三．五%，二〇一一年九月已躍升至五%以上。經濟學家估計，如果加值稅沒有上調，通膨率將不會上漲那麼多，大約會是四%。

貨幣主義理論的觀點

然而，這些「推動」因素只能看到全貌的一半。需求推動型通膨是指，對事物需求的增加超過經濟增加供給的能力。需求的增加有許多因素，可能只是人們更有信心，想多花點錢——凱因斯稱為「動物本能」（Animal Spirit），認為大眾情緒的衝動性波動影響消費者行為。但無論是什麼原因導致潛在需求成長，當它超出供給增加的幅度時，消費者就會推高價格，因為吵著要買到東西，人們願意花更多錢取得想要的東西。

導致需求推動型通膨的最著名範例，或許就是貨幣供給的增加。事實上，凱因斯最佳的學術同袍傅利曼，甚至說通膨為「總是無處不在的貨幣現象」。[14]他的意思是，相對於經濟生產的商品數量，如果經濟中流通的貨幣數量沒有增加，物價就永遠不會增加——至少不會持續增加。他有證據，在一九五〇年代和一九六〇年代，傅利曼和同事安娜·施瓦茲（Anna Schwartz）進行一項統計分析，結果顯示一項可靠的規律，即隨著經濟中貨幣數量增加，通膨也會增加；同樣地，隨著貨幣供給成長減緩，物價上漲也會減緩，甚至下跌。

這種觀點支持所謂貨幣主義的理論。貨幣主義源於一個相對無爭議的概念：最終，花費的貨幣數量必須等同於生產、進口和購買的物品價值，這個價值包括商品生產的數量及其價格。在許多意義上，這只是加法問題，而傅利曼以貨幣數量說（Quantity Theory of Money）這個知名公式確定該過程。

從這一點出發，貨幣主義論者認為，經濟中生產商品的數量——至少從長期看來，受到幾個基本、緩慢變動的力量限制，例如工作年齡人口或技術的複雜度。因此流通中的貨幣數量不會影響經濟的實際規模，這個原則被稱為「貨幣的長期中立性」。

實際上，這表示你可以增加流通的貨幣數量，但不會增加實際正在運作的經濟活動數量。貨幣主義論者認為不可避免的結果是什麼？通膨。流通的每一英鎊價值都被稀釋——買賣的物品數量相同，但是需要更多貨幣才能這麼做。

在一九七〇年代和一九八〇年代，貨幣主義在大多數西方經濟學中，成為越來越具影響力的學派，包括英國瑪格莉特．柴契爾（Margaret Thatcher，即柴契爾夫人）和美國隆納．雷根（Ronald Reagan）總統在內的政治家，都抱持這種經濟意識型態，讓貨幣供給的政策制定者更注意體系裡的貨幣數量（稍後會詳細討論）。傅利曼主張，經濟中貨幣數量應以固定速度成長，認為這會導致持續穩定的通膨率。

貨幣主義學派的結論和過去政策制定者的立場形成鮮明對比，過去的人大多贊同凱因斯的世界觀。在第十章即將討論到，凱因斯主義論者對經濟管理採取更多實踐觀點，傾向主張將政府支出作為穩定經濟的手段，而不是控制貨幣供給。然而在某些方面，這兩個激烈對立的陣營有許多共通點，都接受在短期內經濟不會因為流通貨幣量增加，而馬上發生通膨，因此在一段時間內，創造貨幣來改變人們工作和支出的欲望是可能的。

不同點則在於，貨幣主義論者認為這些影響會迅速消退，在你尚未發現前，一切就已經導致更高的通膨率；而凱因斯主義論者則認為，調整期間足以推動經濟。或許從長遠來看，會導致通膨，但是正如凱因斯所言：「從長遠來看，我們都死了。」[15]

通膨的起因

貨幣主義論者和凱因斯主義論者的經濟拉鋸戰，一直持續到二十世紀末，並且延續到今天。但在一九九〇年代早期，普遍的共識已偏離純粹的貨幣主義觀點，這在很大程度上是因為，數十年前傅利曼和施瓦茲完美證明貨幣數量、產出和通膨間的關係已經開始瓦解。突然間，更多的貨幣不一定代表更高的通膨。

這是一個驚人的變化，起因來自已開發國家的一系列經濟轉變。一是一九八〇年代銀行業和金融業發生的巨大變革；另一則是政策制定者開始聚焦貨幣本身，這可能改變貨幣和通膨之間關聯的可能性，這個現象稱為葛哈德法則（Goodhart's Law）。但最有趣的或許是，人們實際花錢的方式發生改變，即使體系中貨幣數量不變，易手的速度——「貨幣的流通速度」（Velocity of Money），可能有明顯波動。十個人在一週內用同樣金額的英鎊購物，可以買到的數量會比用所有金額一次買到的東西來得多。貨幣主義論者的世界觀基礎在於，假設這個流通速度是相對穩定的，或至少是可預測的。你每個月只領一次工資，一週只會去一次商店，所以你的錢會以非常穩定的速度流動。然而自一九八〇年代以來，有許多證據顯示，流動速度可以發生很大變化，那些變化也可能很難預測，這為公式增加一個全新又難以預測的因素，意味著流通貨幣數量和通膨率間沒有簡單、可靠的連結。

自一九九〇年代開始，關於通膨起因的辯論再次展開，這次是因為勒內．笛卡兒（René Descartes）的一句話：「我思故我在。」[16]這位偉大哲學家探討存在的哲學，但是他的觀點可以不那麼崇高地應用在通膨最基本的驅動力——經濟學家稱為通貨膨脹預期（Inflation Expectation）。該理論認為，我們認為通膨會發生什麼，就是實際會發生什麼的重要決定因素，通膨可以是一個自我實現預言（Self-Fulfilling Prophecy）。

想知道原因的話，想像你正在談判下次加薪，如果相信會有高通膨，就會要求多加一點薪水，以確保自己的購買力不會減少，這表示薪資會上漲更多，但是我們也討論過，加薪可能導致更高的通膨，想著高薪的同時，你提高通膨率；相反地，如果你認為通膨率會很低，或許談判的加薪幅度會較低，而經濟通膨率也會較低。金融市場也能看到同樣的影響，人們都是基於他們對通膨的預期在談判借貸合約。

這種預期在決定實際價格的重要性，已經被一次又一次證明。因此負責保持穩定低通膨的經濟學家，像是英格蘭銀行的我們，花費許多時間研究人們在經濟裡的行為，還有他們的想法。這也是大多數國家都有明確通膨目標的原因，如果你相信政策制定者善於將通膨維持在健康的程度（資料顯示，我們的確如此），就知道通膨會是什麼樣子。奇怪的是，因為相信自己知道通膨率會是多少，人們就能維持這樣的通膨率。

貨幣供給對通膨影響程度的爭論

這一切都暗示，你可以對Freddo價格有不同思考方式，或許看著越來越貴的笑臉蛙時，不會再那麼生氣，也能多一點理解。

你甚至能理解有些Freddo價格上漲是好事，因為輕微的通膨能防止價格下跌的循環，鼓勵人們今天消費，而不是把錢留到明天，如此才能支持經濟成長，如果你有負債，隨著時間經過，欠款也會減輕。但這不是說Freddo超快速漲價是可以的，如果價格在一年內變成兩倍或三倍，其他貨架上的產品價格也是如此，就可能會有災難性後果，企業幾乎不可能維持營運，消費者也不可能存錢。

導致Freddo價格上漲的原因也很重要，是因為推力——可可豆的價格上漲；還是拉力——巧克力點心的需求增加？在某些情況中，Freddo價格上漲是因為生意的成本增加，迫使製造商提升價格，從而提高整體物價水準。在其他情況下，通膨是因為需求增加，當供給無法配合時，就會導致價格上升。其中的區別很重要：如果想讓通膨率維持在健康的水準，你必須知道通膨的成因，在許多情況下可能是兩種因素的結合。

不過圍繞通膨最令人擔憂的爭論，與其說是好壞，倒不如說是它與貨幣的關係。數十年來，貨幣供給對通膨影響程度的爭論一直激烈進行。一個原因可能是貨幣很難理解，這是經濟學家仍在嘗試理解的另一個領域，即使第一個貨幣體系發明至今已有五千年。我們接下來要探索的，就是這個既讓人困惑又迷人的貨幣世界。

第七章

錢到底是什麼？

——貨幣的意義、形式與價值

討論錢何以為錢、為什麼不能印製自己的貨幣，以及數位貨幣的形式如何挑戰既有傳統。

想到錢，你會想到什麼？信用卡、鈔票、手機？

那牙齒、巧克力、魚乾呢？曾幾何時，這些東西都曾用來當作貨幣，這些看似隨機的物品，有什麼共同的線索讓它們可以被當成貨幣？

貨幣的歷史很複雜。在人類歷史上，它在不同時間和不同地點有不同的發展方式，所以想要梳理出潛在的邏輯並非易事。凱因斯將研究貨幣起源的那段時期稱為他的「巴比倫瘋狂」（Babylonian Madness），因為深深著迷於古代中東文明的硬幣。

根據某些定義，貨幣大約和文明的歷史一樣悠久。大約五千年前，在古代美索不達米亞平原，圍繞穀物儲存發展出債務制度。工人將穀物放在寺廟或倉庫，也就是穀物銀行，帳本（基本上是刻在石版上的表格）記錄你擁有多少穀物、可以借出哪些穀物，或是用以交換其他東西，而不需要經歷把穀物帶到別處給他人的麻煩，帳本成為每個人記錄積欠彼此債務的方式。感覺很熟悉嗎？那是應該的，現代銀行帳戶系統記錄收支和轉帳的資料，都是使用同樣的基本前提。在這個起源故事裡，貨幣成為一種記憶形式：記錄誰欠誰什麼的方式。

數千年來，貴金屬也被用來當作支付的方式。古埃及人交易時會使用特定重量的金條；英國在青銅器時代常用黃金裝飾華麗的首飾，一些人認為這是一種支付的形式，但是未經打造的金屬交易需要成本——你怎麼知道它值多少錢？為了確認，你必須能秤出手中金塊或銀塊的重量，並確定數值正確，如果只是去商店就太不方便了。這個問題有什麼解決方法嗎？硬幣。將貴金屬鑄造成特定形狀和大小，並壓印官方印記，讓人們知道它是可信任的，這種創新做法可追溯至古利底亞人（Lydian），他們約在西元前七百年想出這種辦法。在大英博物館（British Museum），有一枚由利底亞克羅索斯國王（King Croesus of Lydia）在西元前六世紀製作的硬幣，上面印著一隻獅子和一頭牛，第一張紙幣則在一千年後出現於中國。

然而，貨幣的形式不只如此。以雅浦島石幣（Rai Stones of Yap）為例，太平洋上雅浦島的居民必須穿越危險水域，開採這些巨石，然後帶著這些石頭再次踏上危險的回程。這些石頭的價值不只在於大小，還取決於為了採集石頭而損失的生命，需要極大的運氣才能全員活著回來，因此顯得更加珍貴。類似於古代美索不達米亞的穀物銀行，雅浦島最終發展出一套記錄石頭主人的系統，不再需要親自搬運石頭，甚至有些石頭在航行中墜落海底，仍能保留價值，因為島民知道並記錄它的主人。這種珍貴但笨重的商品模式，後來在歷史上一次次被更有效率、更易於攜帶的貨幣形式取代。

一切都表示，只要有一群人需要彼此互動，貨幣就會以某種形式出現。由於人類歷史的多樣性，多年來一直有些非常奇怪的物品被當成貨幣使用。戰俘開發以香菸為貨幣形式的系統；二〇〇〇年代早期，在美國的一些監獄將鯖魚當成貨幣；在中世紀的俄羅斯，松鼠皮是常見的貨幣——事實上，普遍到會把松鼠的鼻子、爪子和耳朵當成零錢。如果你不知道這些東西到底有什麼共通點，也可以理解，到底為什麼某樣東西能成為貨幣？

好貨幣的三個判定功能

針對貨幣的定義這麼基本的問題，令人訝異的是，並沒有一個普遍認同的答案。不過多數經濟學家認為某樣東西能成為好貨幣，必須滿足三個功能，這個觀點由斯密在近兩百五十年前率先提出。

第一個功能非常明顯，某樣東西要變成貨幣，你必須能用它支付，經濟學家稱為「交易媒介」（Medium of Exchange）功能。代表你可以給付貨幣，交換某樣不是貨幣的東西，而其他人會接受，是因為他們未來也能用它支付，而不是因為想要自行消耗這樣東西。這和以物易物不同，以物易物是指你給予某人想要使用的東西，交換你想使用的東西，例如我用雞交換你的穀物，這樣我就能用穀物做麵包；而貨幣則是我用雞交換一塊石頭，然後再用石頭交給某人，交換一些穀物。

第二個功能是，貨幣必須能承載從現在到未來的價值，是你購買力的時光機。你必須知道，如果今天向某人拿取貨幣，你可以相信明天能用它買東西，稱為「價值儲藏」（Store of Value）功能。想像如果我們用香蕉當貨幣，這週拿到十根香蕉，你相信明天花掉它們時，價值會是相似的；但如果你想把香蕉存下來，等六個月後用來支付夏季假期呢？太陽海岸（Costa del Sol）的服務生或許不願意接受，你用廚餘交換沙灘上的水果酒。香蕉無法保值，這不能阻止食物在歷史上的不同時期被當成貨幣，但通常會是可以保存久一點的食物。直到第二次世界大戰之前，古代世界經常用鹽當作貨幣，中國的某些地方則使用茶磚，甚至在最近的二〇〇九年，巨大的帕馬森（Parmesan）起司在義大利的某些地方可以用來當作貸款保證金。

價值的持久性是貨幣有用的原因之一，有助於解決經濟生活的基本問題，也就是經濟學家所稱的「雙方欲求巧合」（Double Coincidence of Wants）。沒有貨幣，你必須找到擁有想要東西的人，同時也要有他們想要的東西，即使在很小的社會裡，這也極不可能發生。你可能喜歡閱讀風趣、知識性強的經濟學書籍，但奇怪的是它們不適合每個人，如果當地加油站經理不想要這種書籍，我們就很難用以支付汽車油錢。貨幣能解決這個問題，我們可以用自己生產的東西換取貨幣，然後持有貨幣直到想買某樣東西；賣方會接受，無論他們是否想要我們原本生產的那樣東西。

最後一個功能則是記錄，經濟學家稱為「記帳單位」（Unit of Account）功能，代表經濟體中所有東西的價格可以用貨幣記錄，也通常用貨幣記錄。那根香蕉有多少價值？一英鎊；那輛車呢？五千英鎊，我們知道汽車和香蕉的英鎊價值，有計算的單位非常省時，如果沒有單位，你必須知道每樣東西相對於其他東西的價格，在以物易物的經濟中就是如此，那裡沒有貨幣，只有物品相互交換。如果在簡單的世界裡，一個人製作麵包、一個人釀製啤酒、一個人販售肉類，就不會有什麼問題：在那種情況下，想交易只需要知道一個麵包價值多少品脫的啤酒、一品脫的啤酒等於多少肉類、一個麵包等於多少肉類，只有三種價格。不幸的是，這種方法無法擴大，一家超市平均銷售十五萬種商品，沒有貨幣的話，你需要知道大約一百一十億種價格，才能對不同的東西進行比較，雞蛋相對於牛奶的價格、牛奶相對於麵包的價格、麵包相對於雞蛋的價格等，有了貨幣，一切只要十五萬種價格：一件商品，一種價格。

貨幣的這三個功能並非完全分離，如果人們不知道某樣東西在未來能否保值，就不太可能接受它作為支付方式，所以如果它的價值很難儲藏，就難以成為交易媒介；相反地，如果你不確定別人明天也會接受某樣東西作為支付方式，它就難以儲藏你的購買力。如果人們都使用一樣東西支付，用它來定價你的產品就很合理，所以流行的交易媒介通常會成為主要的記帳單位。

然而與此同時，這三個功能並未觸及貨幣的本質。在本質上，貨幣是信任。貨幣能運作，是因為社會裡的我們都同意它有價值。你願意辛苦工作一整天來交換貨幣，是因為知道當地商店會接受；當地商店會接受，是因為知道到時候別人也會接受。它能運作，是因為我們相信它能運作。

貨幣對你的承諾

二〇二一年，電腦科學先驅艾倫．圖靈(Alan Turing)成為最新加入英國紙幣的面孔，他成為英國歷史上最著名的人物，名單上還有溫斯頓．邱吉爾(Winston Churchill)、珍．奧斯丁（Jane Austen）、佛蘿倫絲．南丁格爾（Florence Nightingale），以及我們的朋友斯密。雖然這些年來，鈔票上的面孔一直改變，但是自從一六九四年來，所有英國紙幣上一直有句不變的重要語句：「允諾按持票人之要求支付……」。

這句承諾實際上意味著什麼？在過去三百年來，這句承諾代表用黃金支付鈔票價值，你可以到英格蘭銀行要求換取黃金。這種代表基礎資產債權的貨幣體系，稱為商品貨幣（Commodity Money）或代表貨幣（Representative Money）。基礎商品可以是任何東西，令人驚訝的是，直到最近南美還有一個可可標準，商品可以用可可豆為單位定價。多數社會經常選擇金或銀等貴金屬，因為它們耐用，因此是一種持久的價值儲藏方式，而且還很漂亮。

然而，除了人們重視它的事實外，黃金並沒有多少內在價值。如果喪屍末日來臨，你想要一些食物、一把大鋼刀，還是一根金條？黃金能在現有體系中獲得很大的價值，因為人們認為它是珍貴的，都鐸王朝的政治家湯瑪士．摩爾（Thomas More）在代表作《烏托邦》（*Utopia*）裡曾諷刺這個現象，在他描述的世界中，人們發現金子沒有什麼用處，所以拿來製作馬桶。但是說到錢，黃金是否有用並不重要，只要人們繼續相信它的價值。

可以將貨幣轉換為黃金的體系稱為金本位（Gold Standard）。一八〇〇年代，英國及其殖民地同意以特定的匯率將貨幣兌換成黃金。到了十九世紀末，這種方式已經擴散到世界上許多國家，每個國家都有自己兌換黃金的匯率。這個體系代表貨幣實際上由黃金擔保——經濟體必須擁有足夠的黃金，才能滿足貨幣的需求，這也限制它們能創造更多貨幣的程度。

世界上多數地方在第一次世界大戰時暫停金本位制，但是戰爭結束後又回復。然而在第二次世界大戰結束後，新的全球金本位出現，它是以美國和美元為基礎，美國政府承諾以固定匯率將美元兌換成黃金，而其他國家也同意將匯率固定為美元，實際上也是將它們的貨幣與固定的黃金價格掛鉤，這表示它們必須儲備美元來擔保那些承諾，因此美元代替黃金在國際間流通，平衡不同經濟體之間的需求差異。

金本位的支持者認為，它為貨幣價值提供依靠。美國總統赫伯特．胡佛（Herbert Hoover）在一九三三年的演說中提到：「因為無法信任政府，所以我們使用黃金。」[1]他的意思是，如果沒有黃金作為貨幣的擔保，政府可能會不斷擴大貨幣供給，導致通膨和貨幣本身的貶值。黃金成為約束工具，除非政府可以獲得額外的黃金儲備支援，才能增加貨幣供給。

然而，任何看過〇〇七電影《金手指》（*Goldfinger*）的人，都知道這個體系有些瑕疵。在電影中，邪惡的黃金商人哈瑞．金手指（Auric Goldfinger）試圖用輻射汙染美國的黃金，使其無法使用，他的目標是減少黃金供給，從而提高自己持有的黃金價值［還好他被〇〇七及普茜．蓋羅爾（Pussy Galore）打敗了］。故事雖然有點牽強，但是它暗示困擾金本位的一大問題，黃金供需的改變會影響價值。這些事情在很大程度上不受政策制定者掌控，所以如果發生經濟衰退或繁榮時，也無法透過改變供需來穩定經濟。它的缺陷最終還是太過明顯，造成金本位崩潰。英國在一九三一年率先停用，然後在一九七一年美國總統理查．尼克森（Richard Nixon）正式打破美元和黃金固定價格的連結。

金本位結束後，紙幣上「允諾按持票人之要求支付」的句子變得更加模糊，它承諾兌換的不是黃金，而是更多的紙幣。沒有像黃金這樣有內在價值（Intrinsic Value）的東西，擔保紙幣的價值，但這絕不是缺點，有許多好處。第一，在需求波動時，可以改變貨幣的供給，讓經濟體中的物價更穩定。第二，效率更高。一直以來，貨幣都由某種有內在價值的東西擔保——除了可以當成貨幣外，人們還有其他原因想要那樣東西，你手中的商品用途和人們想的不一樣。用來擔保貨幣的黃金，不能用來製造珠寶或電腦晶片，所以最好使用內在價值很低的東西，這樣就不會被浪費。

我們稱這種沒有內在價值的貨幣為「法定（Fiat）貨幣」——在拉丁語中的意思是「讓它如是」。這概括一種價值觀，法定貨幣之所以是貨幣，因為它被認為是貨幣。實際上，這就是政府對何為貨幣所做的聲明。一項經濟學理論指出，貨幣價值來自於政府允許或要求你用它來納稅，這表示這種形式的貨幣存在現成而可靠的需求。每個人都得納稅，所以如果稅金用某種貨幣繳納，人們就願意把它傳遞給其他人，因為知道最終這些貨幣會傳遞給政府。

貨幣的三種形式

所以如果政府是宣布什麼是貨幣、什麼不是貨幣的主體，這是否代表國家在創造貨幣？不幸的是，沒那麼簡單。廣義來說，在多數現代經濟體中，貨幣有三種形式，但絕大多數不是由政府直接發行或擔保。

貨幣的第一種形式是中央銀行印製的紙幣，[2]這一類確實可對國家直接請求債權——「允諾按持票人之要求支付」，代表對國家資源的要求，即使你要求的只是更多的鈔票。經濟體中任何人都能擁有這種貨幣，紙幣在人與人之間不斷傳遞，交換所有權。

第二種形式在多數人的日常生活中不會遇到，是銀行用來相互支付的貨幣。銀行把錢存在中央銀行的帳戶裡，如同你我會把錢存在大街上的銀行，這筆錢被稱為儲備金（Reserves），或是狹義貨幣。如同紙幣，這是對中央銀行的直接債權，也隱含著對國家的債權，只能由少數銀行和金融機構持有，可以在英格蘭銀行這類中央銀行開戶。對銀行來說，主要用途是讓銀行在每天結束時互相清算債務，這種現象將在下一章討論。

然而貨幣最普遍的形式，也是我們每天都賴以使用的，則是第三種形式。這種貨幣構成我們在銀行帳戶裡的存款，構成七九％的貨幣供給，也占一般大眾使用貨幣的九六％。不過或許令人震驚，這種形式的貨幣並非對國家請求債權，而是對私人公司的借條，一種非常特別的私人公司——銀行。多數人每天都會使用銀行存款，不會思考口袋裡鈔票和銀行對帳單上的數字差異，但它們是不同的。

這是現代經濟中，關於貨幣的核心啟示之一。我們每天使用的貨幣大部分不是由英格蘭銀行製造，也並非來自它的對手，例如聯邦準備系統（Federal Reserve System，聯準會）或歐洲中央銀行（European Central Bank）。這些中央銀行的確會製造貨幣，供給經濟體中人們所需的紙幣，並以儲備金的方式向銀行業務系統提供電子貨幣。然而，經濟體系中大多數的貨幣並非由英格蘭銀行製造，而是商業銀行，這些銀行在製造貨幣時不必印製，只要寫在某張表格上。

怎麼會這樣？如果你曾讀過古老的經濟學教科書，可能會認為銀行只是拿著儲戶的錢借給貸款者，這麼想很合理，這種對銀行體系的思維方式稱為「可貸資金模型」（Loanable Funds Model），長久以來，它一直是經濟學理論中的主流。這個模型很簡單，也很直覺，不幸的是它錯失許多現代貨幣的關鍵特徵。

在可貸資金模型裡，人們將資金放入存款池，銀行利用這些存款，在經濟體中找到分配這些存款的方法，它們只是中間人。但是這顛倒過程順序；銀行不需要吸收存款來發放貸款，只要先把錢放進你的帳戶。在技術上，這比在Excel檔案裡輸入額外的零稍微先進一點，但也沒有先進多少。

銀行能這麼做，是因為在帳本的另一面，它們擁有你借貸時簽下的借據，所以兩者平衡了。用專業術語來說，它們在資產和負債都有相對應的成長。同時，你的帳戶裡出現五秒前還不存在的金錢。每當銀行發放貸款，或是你使用信用卡或辦理商業貸款時，都會發生這些過程。

反之亦然，你償還貸款時會發生相反的過程。銀行取消你的債務，但是也減少你的帳戶餘額，因此系統裡的錢也變少了，藉由償還貸款，你摧毀了貨幣。

那麼，是什麼阻止銀行無止盡地製造貨幣？首先，是它們限制自己。銀行希望能獲利，這限制它們製造貨幣的數量，在它們給錢之前，會先評估對方是否能以銀行有利可圖的方式償還，這也要求人們願意以銀行提出的條件承擔債務，銀行不能逼你貸款。銀行不再貸款時，也停止貨幣創造。

不過，這個貨幣創造過程是經濟生活中不可或缺的一部分，無論是社會或政策制定者都不能完全交給銀行業者。銀行受到嚴格監管；當你拿到銀行業務執照時，部分協議是你不會過度擴張自己的資源。英格蘭銀行的主要作用之一是，監管商業銀行能將多少資金投入流通，並確保它們會以安全、永續的方式進行流通。政策制定者還可以用其他手段來限制流通的資金，中央銀行藉由影響經濟體裡的利率，連帶影響家戶和公司的借貸金額。我們將在後面幾章討論英格蘭銀行使用的兩種方式，請繼續看下去。

為什麼你不可以憑空製造貨幣？

你們之中較具有創業精神的人或許會想，如果銀行可以憑空製造貨幣，我為什麼不能這麼做？事實上任何人都能製造貨幣，沒有什麼能阻止你拿起一張紙、一顆石頭或幾行電腦代碼，然後說「這是錢」，並且試著用它支付。美國經濟學家海曼．明斯基（Hyman Minsky）曾說：「任何人都能創造貨幣，問題是要讓人們接受。」[3]

二〇〇八年，一位匿名電腦科學家（或科學家）以中本聰為名，[4]發表一篇論文，題目是「比特幣：一種點對點的電子現金系統」。中本聰的夢想是創造新的貨幣形式，能完全獨立於中央機構：中央銀行、政府，甚至是商業銀行。相反地，對貨幣的信任來自基礎技術——區塊鏈（Blockchain），這表示人與人的交易將基於電腦代碼的制衡得到集體驗證。除了向用戶提供某種形式的匿名外，總供給從一開始就被決定，並被固定在代碼裡。沒有政府、中央銀行或商業銀行能因為自己的需求，憑空創造出更多貨幣，基礎代碼裡寫明新貨幣——比特幣（Bitcoin）的供給將增加到二〇四一年，屆時總供給將達到兩千一百萬比特幣，然後就不會再發行更多比特幣。

二〇〇九年初，中本聰將他（或他們的）想法付諸實行，比特幣誕生了。這個時機無可挑剔，正好遇到二〇〇七年至二〇〇八年金融危機催毀人們對銀行和現狀的信心，比特幣的第一個區塊代碼上，留下二〇〇九年一月《泰晤士報》（*The Times*）標題：「財政大臣即將對銀行進行第二次紓困」，正好清楚說明它的時間點。[5]

現在經過十多年，比特幣已經走上一段不平凡的旅程，價格飆升又暴跌，再飆升，然後暴跌，一次又一次，它已經從電腦奇才之間的小眾對話，變成全球茶餘飯後的話題，成為科技富豪與政治家的推特靈感來源，產生的Reddit貼文比貓和嬰兒玩耍的影片還多。6

中本聰無疑創造抓住公眾想像力的東西，而且具有廣泛的吸引力，但是他真的創造新的貨幣形式嗎？多數經濟學家的答案是：或許不是，至少不是比特幣目前的形式。為了理解原因，必須回到貨幣的意義，以及斯密在兩百五十年前提出的貨幣功能。

首先，是價格變動。比特幣的波動性是大多數主要匯率的十倍以上，價格的巨大波動讓一些人變得非常富有，但是如果一個欠你一百英鎊的人，給一張明天可能價值兩百英鎊或十便士的票據，你會接受嗎？在賭博的情況下或許會，但日常開銷不會。在那樣的基礎上，你要如何計畫？這表示比特幣無法儲藏價值，它的價值波動太大。

其次，很少有人會用比特幣定價，所以它不是記帳單位，至少在網路世界外不是。有些店家會接受比特幣兌換特定物品，但會計算它與現有法定貨幣的匯率，最終還是想將比特幣換回英鎊或美元，所以要計算多少比特幣特等於他們想要的國家貨幣數量。不過多數人不想去商店時，還要考慮全球貨幣市場，即使在薩爾瓦多，比特幣於二〇二一年已成為官方認可貨幣，也和美元一起出現在價格標籤上也是如此，由此可見它遠遠不是儲藏購買力的穩定方式。

最後，它是一個非常糟糕的交易媒介。上述兩點是部分原因：人們為何要用價值波動劇烈，又不被所有地方接受的貨幣買賣物品？但這也因為它還有許多實際使用上的限制，這個系統的交易比傳統技術慢得多，而且一直難以處理全球支付系統所需的交易量。此外，它的設計會帶來巨大的能源消耗及相關環境影響，為了新的比特幣「挖礦」，數百萬台電腦伺服器必須使用幾兆瓦的電力處理數十億個數字，這是不太理想的組合。

比特幣的另一個困難，也是它對中本聰等人如此特殊的原因。比特幣的固定供給代表它相當於金本位，只是沒有黃金。對未來貨幣印鈔機的限制是電腦代碼，但是從金本位的歷史看來，這種僵硬的供給方式讓它無法因應隨著時間變化的需求做出反應，會導致價格波動（通膨）和經濟表現不穩定。比特幣無疑是一項迷人的技術，讓很多人賺很多錢，但多數經濟學家認為它不算貨幣。

對貨幣的信任讓貨幣有價值

在沒有國家的擔保下，創造「私有」貨幣有多困難，比特幣只是其中最新又最引人注意的證明。一八〇〇年代早期，美國有數十家「自由銀行」都創造自己的貨幣，一八三〇年流通的紙幣中，超過九成都是由銀行發行的私人紙幣，但是這個系統最終被證明無效，人們不相信除了當地以外銀行發行的鈔票，所以很難拿著這些鈔票旅行。最後，這個系統簡化為單一的、美國統一的紙幣形式。

這個問題反覆出現，例如全英國從布里斯托（Bristol）到布里克斯頓（Brixton），都使用不同的地區貨幣，這些貨幣的設計是為了讓錢留在當地的經濟體中，促進當地消費。然而，幾乎所有人都難以用它們買賣，只留下些微的新奇感，因為我們生活在不那麼當地化的世界裡，這些貨幣無法成為非常好的交易媒介，如果你所有的開銷都只在一個區域就沒問題。不過想像一下，你是布里斯托的餐廳老闆，購買坎伯蘭（Cumberland）的香腸、諾福克（Norfolk）的火雞和蘇格蘭高地（Highlands）的牛肉，供應商不會接受你用布里斯托貨幣付款，因為在他們生活的區域無法使用，所以你也無法接受饕客用其他地區貨幣支付午餐費用。

即使有國家擔保，貨幣也很難發展出流通所需的信任度。蘇格蘭紙幣的債權對象不是英格蘭銀行，是私人發行的，就像十九世紀美國銀行發行的紙幣。然而，它們確實必須得到英格蘭銀行持有資金的一比一擔保，為了達成這一點，銀行金庫裡存放著面額一百萬英鎊的「巨人」（Giant）紙幣和面額一億英鎊的「大力神」（Titan）紙幣，代表如果某個持有蘇格蘭紙幣的人想換成英鎊紙鈔，完全可以相信發行銀行有英鎊資金擔保這個支付承諾。然而，在邊境南部旅行的蘇格蘭人會告訴你，英國其他地方對接受蘇格蘭紙幣依舊抱持懷疑與猶豫的態度，即使它們在理論上由英國政府擔保，比你的銀行帳戶存款還安全，但是人們仍感到不安。

這顯示貨幣信任的重要性和複雜本質，貨幣最終是雙方互相同意的信任體系；幾個世紀以來，人們以各種方式強化這種信任：利用貴金屬與珍貴商品的「內在」價值、利用國家的資源和權力，或是利用電腦代碼的冷靜邏輯。這些方法有時候奏效，有時候失靈，不過在每個情況中，目標無論是明是暗，都在於要讓人們更相信貨幣有價值。

數位貨幣帶來的變化

現在我們更清楚貨幣是什麼，但不要以為貨幣永遠都是這樣。如果貨幣的歷史帶給我們什麼教訓，就是貨幣的本質適應這個世界與社會。如果你在幾年後才讀到本書，貨幣可能又有不同的面貌。

以數位世界對貨幣的影響為例，我們已經成為更數位化的社會，使用現金交易方式在長期呈現下降趨勢，這個趨勢在新冠疫情加速，越來越多人使用無接觸的支付方式或線上購物，減少與他人的社交和身體接觸。撰寫本書時，英國的現金使用在十年內已經下跌七〇%，在過去三年下降約一半，這對英格蘭銀行這類機構提出一個問題：中央銀行也想加入數位貨幣的世界嗎？

直到二〇一〇年代中期，英格蘭銀行所有員工都有一項福利：可以選擇在英格蘭銀行開立帳戶，他們有幸能直接在中央銀行的帳簿上持有資金，並有幸擁有分類代碼一〇—〇〇—〇〇。大多數人在這些帳戶上的餘額都不高，這是一種榮譽，也是一個實際的決定，他們的錢放在商業銀行裡可以有更好的投資報酬，而且如果有人相信銀行體系的安全性，應該就是負責監管銀行體系的人。

不幸的是這項福利沒了，最後一個帳戶在二〇一七年關閉。但是現在這個系統的變化形式，讓這項福利再次成為可能。過去二十年的技術發展，代表中央銀行不只可以讓雇員開戶，也可以讓經濟體裡的所有人開戶，這就是中央銀行家所說中央銀行數位貨幣（Central Bank Digital Currency, CBDC）的本質。對大多數人來說，這將是一種直接向國家索取債權的方式，只不過是以數位形式，不必拿著大量的紙幣，或是依賴銀行體系的借據。

這個想法還處於初期階段，但可能是幾個世紀以來關於貨幣的最大變化。或許它將帶來的大變化，是來自中央銀行的錢可能會支付利息。[7]傅利曼等經濟學家指出，持有紙幣引起的經濟效率低下，就是因為沒有利息。在下一章也會討論到，商業銀行的一大好處是會支付利息，把錢存入商業銀行就可以拿回本金和一點點利息，如果拿著現金就沒有利息，因此當你以貨幣形式持有財富時，你的財富正在貶值。

這會帶來有趣的經濟結果：因為物價一直在上漲，人們會試著想要減少持有的紙幣數量以減少損失。傅利曼寫道，如果世界沒有對紙幣收取利息的技術，解決之道就是將通膨率降到與紙幣利率相同的程度——零。

然而，多虧過去數十年的技術進步，現在可以有一種可相信的數位紙幣，用來支付你的利息。中央銀行數位貨幣結合紙幣的特徵，例如能直接向中央銀行而非向私人企業索取債權，也可以像銀行存款一樣支付利息。利率由中央銀行直接制定，這表示持有英格蘭銀行帳戶的人可以得到從紙幣裡無法獲得的報酬，將消除持有貨幣的成本，人們持有的貨幣會更有效率。

中央銀行數位貨幣帶來的另一個大變化是，為人們提供銀行帳戶的許多便利，而不必使用商業銀行。大多數人都將錢存在大街上的銀行裡，手中握有的是數字餘額，其中一個主要原因是，我們想使用數位支付——線上購物、轉帳，實體貨幣卻不太適合這種方式。但是在現有的體系裡，數位支付只能使用私部門（主要是銀行）創造的貨幣，所以過著數位生活的人別無選擇，只能遠離國家擔保的貨幣。為銀行存款提供擔保的監管和政府計畫，確保這些私有貨幣的安全，但在下一章也會討論到，有些人或許仍覺得銀行體系包含的風險超出願意承受的程度，寧願持有由國家直接擔保的貨幣，這便是中央銀行數位貨幣所能提供的。

舊的貨幣形式何去何從？

當然，重大變革總是會有風險，其中經濟學家認為在任何數位貨幣形式發生前，就必須解決的風險是：舊的貨幣形式怎麼辦？如果每個人都持有中央銀行數位貨幣，沒有人把錢存在銀行，銀行業會發生什麼事？在下一章將會討論到，商業銀行在維持經濟平穩運作扮演至關重要的角色。

弊是否大於利，人們是否想要中央銀行數位貨幣，仍有待觀察。但貨幣總是會隨著時間演進，未來也會如此發展，會符合社會的需求和欲望。如果對政府擔保的數位貨幣存在需求，或許就會出現數位貨幣。或許在不久的將來，針線街的員工會拿回原本的銀行帳戶，世界上的其他地方也是，你也可以拿到分類代碼一〇—〇〇—〇〇。

那麼整體來說，貨幣是什麼？有幾個方法能回答這個問題。在一個層面上，貨幣是我們決定的任何東西——金幣、紙幣、貴金屬、舊牙齒、香菸和鯖魚，只要每個人同意某樣東西是貨幣，它就是貨幣。

實際上，某些東西比其他東西更適合作為貨幣。所以在下一個層面上，貨幣需要滿足三個重要標準——這些標準由斯密在十八世紀率先提出，它必須是交易媒介、必須在現在和未來都能儲藏價值，也必須是計帳單位。這些特質意味著，整體來說，硬幣比鯖魚更適合作為貨幣的載體。

在現代世界裡，這個問題的答案更加複雜。令人意外的是，貨幣在很大程度上是由私人公司發行的借據制度，不是對國家的債權或對黃金的承諾。我們每天使用的貨幣如果成為銀行存款，只不過是銀行在放貸時，憑空創造出來會償還給我們的承諾。然而對貨幣的信任仍存在，因為國家監控貨幣創造的過程，確保它會以負責任的方式進行。

從最高層面來說，貨幣是信任體系，它能運作是因為每個人認為它可以，我相信五英鎊紙鈔價值五英鎊，你也是。那麼是誰維持這份信任？首先，是英格蘭銀行和其他中央銀行；其次，則是其他銀行。這些機構在維持信任與創造維持經濟體、日常生活運作所需的貨幣，扮演重要角色。

但這不是銀行的全部業務，它們在現代經濟中還扮演許多重要角色，在過程裡也帶來巨大的經濟脆弱性。為了解經濟如何運作（以及有時候無法運作），我們需要了解銀行體系。

第八章

為什麼不該把所有錢藏在床底下？

——銀行的功能與央行的作用

討論銀行的好處、你的錢放到銀行為何會比以前更安全，以及如何避免所有存款被意外套牢。

二〇〇九年，一名以色列婦女決定買一張新床墊給母親作為驚喜，床墊是一份慷慨的禮物，因為女兒關心母親的背。當舊床墊被運到特拉維夫（Tel Aviv）的垃圾場後，女兒驕傲地向母親展示更舒適的全新床墊。

不幸的是，母親留著舊床墊有著原因，裡面放著一百萬美元現金，那是她一輩子的積蓄。接下來一週，女兒走遍特拉維夫的三個垃圾場，尋找舊床墊和現金，卻一無所獲，[1]那筆錢不見了。

雖然失去一百萬美元現金是相對罕見的情況，但是人們這種藏錢的方式卻很常見，許多人都有年邁的親戚，會把大量現金放在廚房或小房間的抽屜裡，而且一定遠遠超出日常開銷所需的金額。

為什麼這種囤錢的行為會這麼普遍？答案或許是，這是一種極正常的人類本能，尤其是在經濟動盪時期。在新冠疫情危機開始時，許多人開始以類似方式囤積衛生紙。根據英格蘭銀行的調查，在二〇二〇年的新冠疫情危機裡，接近十分之一的人開始囤積多餘的現金，以備不時之需。[2]這不是第一次，二〇二〇年在薩福克（Suffolk）發現一千零六十九枚銀幣；考古學家推測，這是在十七世紀英國內戰時藏起來的急用金。[3]這些決定經常源於對銀行的不信任。這位失去存款的可憐以色列婦女，在二〇〇七年至二〇〇八年金融危機時藏了一百萬美元，或許是因為她不再相信銀行。不只她一人如此，在二〇一八年 YouGov 的調查中，有三分之二的人表示不信任銀行。[4]

所以，你為什麼不該把錢藏在床底下（或床墊裡）？簡單來說，是為了避免落入像上述以色列婦女那樣的狀況，銀行能保證你的錢的安全。但是銀行並非只擅長這件事。當你把錢存到銀行時，對你和每個人都有好處，銀行讓你能在經濟體中自由轉移資金；支付你利息，在整個經濟體的層面上，確保金錢都能被有效利用。人們對銀行抱持疑慮是可以理解的，它們存在爭議，但是有許多方法能確保你的錢存入銀行是安全的。

簡而言之，銀行帳戶對每個人都有好處，不只是一個存錢的地方，對整體全球經濟的運作也至關重要。

銀行的起源

大約在西元前兩千年，有些具有創業精神的巴比倫祭司發現一個生意機會，在敬奉數千位神祇時，不知何故找到時間，開始收費存放人們的黃金，通常是從儲存的黃金中抽取一小部分當作費用。大多數時候，這些黃金長期閒置在寺廟地下室，和其他神祇塑像一起積滿灰塵，直到主人索回為止。隨著時間推移，發生微妙變化，到了西元前十八世紀，祭司開始將保護的黃金借給其他需要的人，畢竟多數把黃金存在寺廟裡的人不會一直需要，為何不分享給他人？這些精通商業的祭司沒有意識到，他們已經創造可能是現在世界上最重要的商業，這些寺廟可以說是世界上最早的銀行。

這個想法很快流行，隨著時間，祭司金融家成為希臘部分地區和後來羅馬帝國的主要人物。很快地，人們不再只是把黃金存放在寺廟裡，而是建造專門用於存放和出借金錢的建築，也就是今日銀行的前身。這個早期的金融世界一直繁榮發展，直到羅馬帝國崩潰，銀行也隨之關門大吉，但是銀行業的基本模式已經建立。

這類銀行在近一千年後重新出現。在十二世紀和十三世紀時，貨幣交易商開始出現在義大利倫巴迪街頭，這群放債者因為在小板凳上工作而出名，義大利語稱板凳為banca，這也是「銀行」（banks）一詞的來源。「破產」（bankruptcy）一詞也有相似的起源；當放債者的錢用完時，會把板凳折斷，便不得不停止營業，將此稱為banca rotta，意即腐爛的板凳。

最初，這些放款人向想借錢購買糧食的農民提供貸款，但是這可能存在風險，因為農民或許無法償還貸款，所以放款人要求農民拿收成作為補償，也就是他們收取的利息。除了放貸外，貨幣交易商很快開始接受客戶存款。一開始，這些存款是為了在收成不好時使用，但是也經常被商人用來交易。

這些業務很快變得更複雜，到了十五世紀，人們可以把錢存入銀行，換取一張單據，上面向持有人承諾他們所存的金額。這實際上是一張「匯票」（Bill of Exchange），也就是現在認為的鈔票。銀行不再限於義大利，到了十七世紀，銀行在整個歐洲都很普遍，例如英國的巴克萊銀行（Barclays Bank）、德國的貝倫貝格銀行（Berenberg Bank）。交易的自然不只是金錢，還有權力，那些簡陋的倫巴迪長凳發展成銀行，服務需要金錢支付戰爭的歐洲皇室。有些後來成為「中央銀行」，為國家提供貸款，例如一六九四年成立的英格蘭銀行。

在接下來三百五十多年，銀行的數量和規模都大幅增加，然而基本模式——由某種金融機構擔保的放貸組織，自十六世紀以來基本上沒變。今日銀行的形式與規模千變萬化，像是倫敦金融城的投資銀行，或是放貸給消費者的銀行，這些銀行可能存在大街上，也可能只是手機裡的應用程式，但是每家銀行基本上都有相同的主要功能，一個文藝復興時期倫巴迪銀行職員也認可的功能。

銀行的三大功能

我們從明顯的功能開始，銀行的第一個功能還是存錢。二〇二一年，每個英國人的銀行存款超過五千英鎊，[5]沒有銀行，就得把錢放在自己家，或是交給某個信任的人保管，這不是理想的做法，可能很麻煩，你或許會弄丟，每次離開家時都要擔心錢被偷走。相反地，我們選擇把大部分的錢放在銀行裡。這或許是銀行最古老的功能，在西元前兩千年由巴比倫祭司首創。

英格蘭銀行和其他銀行一樣，也是存錢的地方。在針線街總部的地下室深處，存放著一排排嶄新的五英鎊、十英鎊、二十英鎊和五十英鎊紙鈔，在需要時隨時可以配送。但金庫更著名的是存放其他東西：黃金，為政府和其他中央銀行保管黃金，是英格蘭銀行三百多年來的工作，今日銀行金庫約有四十萬塊金條，價值超過兩千億英鎊，儲金量為世界第五，如果一塊塊黃金堆疊起來，高度達四十六座艾菲爾鐵塔；這些黃金占地三十萬平方英尺，相當於近十個足球場。

銀行的第二個功能也很簡單明瞭，就是讓人們能支付購買所需的東西。銀行代表你不必把那天需要的現金全放在錢包裡，重點是金錢可以從一家分行轉移到另一家分行，每次需要提款或支付某樣東西時，不用非得到存錢的銀行或是離家最近的銀行。

為了達到這個功能，現代銀行利用一個讓付款更便利的龐大系統。以現金卡為例，英國幾乎所有成年人都有現金卡，用以支付每日開銷。[6]這類交易越來越多，英國每秒產生超過八百萬英鎊的金錢交易，銀行帳戶間每天的交易價值為七千萬英鎊。公司和個人都在不同的銀行持有帳戶，因為這些交易的數量龐大，銀行不會即時轉移現金，而是記錄在電腦系統裡，在一天結束時結算彼此的欠款。這個過程被稱為清算（Settlement），在英國由英格蘭銀行完成，也是中央銀行最重要的角色之一。許多銀行在英格蘭銀行設有帳戶，如此就能轉帳到其他銀行。二〇二〇年，英格蘭銀行處理近九十二兆英鎊的款項。銀行這個角色的經濟效益怎麼誇大都不為過，如果銀行沒有提供你向他人付款的方式，可能會導致經濟停滯不前。有了清算這些款項的系統，就能消除某些人不及時付款的風險。

銀行的第三個功能則是，媒合借款人與存款人，銀行為想存錢的人和想花錢的人充當中間人。原則上，我們不需要銀行做這件事，每個人都能向親朋好友借錢，但是這可能會造成問題。首先，你或許不知道身邊誰有閒錢，尤其是大筆的閒錢。其次，即使你有很多有閒錢的有錢朋友，但他們或許不願意借錢給你，不是因為他們是壞朋友，而是因為不確定你是否有能力或願意還錢。

這被經濟學家稱為「資訊不對稱」，就是一個人比另一個人知道更多事。在第二章中，二手車商和買家之間權力不平衡的例子，說明資訊不對稱是市場失靈的一種形式。在本章的案例裡，你比借錢的朋友更明白自己要把錢花在哪裡，也知道自己的還款能力。在決定是否借錢的過程中，銀行已經成為克服資訊不對稱風險的大師，擅長透過蒐集人們的資訊，分辨好的貸款和潛在的不良貸款。

隨著時間的推移，銀行在這一點發展出不同的方法。二十世紀，職員大多會對你進行諮詢，甚至詢問你的朋友與家人，釐清你是否值得相信，能夠償還貸款。但是近年來，一切越來越複雜，現在電腦分析你的大量資訊和消費習慣，判斷你能否還款，包括你花多少錢上健身房，還有你在酒吧裡的消費習慣。

在這方面，銀行比其他人做得好，不只在評估風險更專業，也因為它們擁有更多資訊，能看到你的消費習慣和每月的收入、支出，這是一般人做不到的。藉由考量這些資訊，銀行具有資訊優勢，也比任何個人都更有效率。

銀行一旦算出你還款的可能性，就會決定要向你收取的利率。如同昔日的倫巴迪銀行，今日的銀行不會免費放貸，它們的報酬即是借款的代價——貸款的利息。利率反映許多事，例如銀行放款時承擔的風險程度。一般說來，風險越高，利息越高。

你或許會認為銀行的第三個功能只對兩方有好處，就是借款人和銀行，但這低估借貸的巨大經濟重要性，藉由媒合儲戶與合適的借款人，銀行能活用閒置資金，確保以最具生產力的方式得到使用。當銀行利用專業找到最值得信任的借款人，也在不經意間算出誰最能有效使用這筆錢。因為對其他人來說，幸運的是最可能償還貸款的借款人，也是會將錢投資在生產性目標的人，他們會產生很好的報酬，然後可以用來償還貸款。

從黃金借貸中獲利的發想

所以對社會而言，媒合儲戶和借款人是重要任務，這也是一種賺錢的方式。銀行最重要的角色是將資金送到最有生產力的地方，如此便能刺激經濟，也為自己製造利潤。在這個過程中，銀行還有另一個影響，就是讓更多金錢在系統中流動。為了理解這一點，我們需要再次穿越時空，這次要回到十七世紀中期的英國。

在國王查理一世（Charles I）和議會的政治緊張加劇背景下，許多富裕家庭都在尋找存放黃金的地方，這時候倫敦的金匠就派上用場了。他們為富裕的倫敦人提供服務，富人可以將黃金存在金庫裡，金匠會開立收據，說明黃金的數量與純度，擁有者想要取回儲存的黃金時，就可以使用這些收據。然而，金匠最偉大的創新是決定不固守這批黃金，發現可以將黃金借給別人，收取一定的費用，前提是要確保在原主人想取回黃金時，黃金能回到手邊。費用中有一部分會給黃金的原主人，補償他們萬一黃金未歸還的情況。這也是古代祭司使用的方式，但是在十七世紀變得更廣泛。

藉由借出黃金，他們可以賺取比儲存黃金更多的錢。比起把所有黃金放在金庫裡，這個過程也讓他們可以投入更多生產性投資，投資的報酬可以再投資到其他地方，產生更多報酬與投資，繼而刺激經濟。更妙的是，有些錢在這個過程中會以存款的方式回到金匠兼銀行業者的手裡，他們可以再把錢借給其他人。循環周而復始：越來越多的貸款導致更多的經濟活動，又導致更多的貸款。你們還會眼尖地發現，這實際上能讓系統中出現更多的錢。

如今，現代銀行改進這個創造金錢的神奇過程。在上一章曾討論，多數經濟體中的貨幣不再以黃金擔保，銀行可以憑空創造更多的貨幣。

但是十七世紀的金匠和今日的銀行仍有許多共同點，都將短期的存款——人們帳戶中持有的黃金或現金，轉換為長期的借貸，這個過程被稱為「期限轉換」（Maturity Transformation）。透過這個過程，銀行本身、儲戶、借款人及經濟體中的其他人都能獲利，從而促成越來越多的經濟產出。

截至目前為止，一切順利。唯一的問題是，那些金匠或現代的銀行業者會不會過度放貸。如果客戶想拿回金庫裡的黃金，卻被告知黃金被借出，金匠必須等到借款人還清貸款才能拿回黃金，就大事不妙了。金匠的解決之道是在金庫裡持有一些黃金，留下一部分作為儲備，這個方式至今仍為銀行業者沿用。

這個機制稱為「部分準備金制度」（Fractional Reserve Banking）。在十七世紀，這表示如果少數人延遲繳回所借的黃金，或是其他人想要提早取回黃金，金匠總是可以滿足需求。今日，這表示所有銀行要在金庫裡持有一定數量實體或虛擬現金，好限制資金耗盡的風險。因此最大的問題是，銀行應該持有多少現金。

銀行擠兌導致的後果

一九三〇年代初期，六個美國經濟學家提出一個勁爆的建議。這個建議是基於一個非常簡單的想法：銀行應該能在任何時代償還儲戶的所有欠款。這個建議被稱為「芝加哥計畫」（Chicago Plan），因為主要倡議者都在芝加哥大學（University of Chicago）。[7]

這個建議背離現代銀行自倫敦金匠時代就一直沿用至今的最基本邏輯，在部分準備金制度中，銀行發放的錢總是比金庫裡的錢多，而芝加哥經濟學家認為這是一個問題，提出這會讓銀行體系本質變得脆弱。銀行放貸時扮演的兩個角色之間存在矛盾，就是既要創造在經濟中流通的貨幣，又要將儲戶的錢分配給借款人。

矛盾在哪裡？事實上，如果每個把錢存在銀行的人都要求一次領回，就會造成整個系統崩潰，不只是少數銀行崩潰，而是金錢進入流通的整個過程。這是因為部分準備金制度在定義上，只會準備所有存款的一部分以供提領。芝加哥經濟學家指出，這種脆弱性在一九二九年的經濟危機暴露無遺（在下一章將詳細討論）。芝加哥大學經濟學家的解決方案，是將這兩種功能分開，政府負責金錢流通，銀行負責分配貸款。所有銀行都必須在中央銀行持有足夠資金，可以完全支應可能被提領的存款，它們將成為「狹義」銀行，也就是借出的錢和能迅速支付的資金間沒有缺口。

芝加哥計畫吸引許多注意力，至今仍被許多經濟學家與國際機構討論，例如國際貨幣基金組織（International Monetary Fund, IMF），但是它從未成為法律。[8]所幸，人們沒有一起一次要回所有的錢，所以這個體系仍保持相對穩定。然而，芝加哥計畫的發起者說得確實有道理，如果你仔細想想，現代銀行體系建立在一個悖論上。我們都相信銀行能安全保護自己的錢，而且在很大程度上確實做到了。但是如果有那麼一刻，我們不再相信銀行是安全的，還想把錢拿出來，整個體系就會瓦解。正如在第七章討論貨幣的魔法，相信銀行體系能運作的行為，讓它得以運作。

雖然每個人都同時失去信任的時候很少，但也不是非常罕見。每個人都想提領全部的存款時，確實會發生銀行擠兌。有個故事就敘述這種事，你或許記得一九四六年電影《風雲人物》（*It's a Wonderful Life*），劇中貝禮建築金融公司（Bailey Building and Loan）就發生擠兌事件。故事開始時，掌管家族小銀行的喬治·貝禮（George Bailey），新婚後正要出發度蜜月，卻發現儲戶聚集在他的銀行外要求提款。

謠言可以引發擠兌，這個故事也不例外，貝德福佛爾斯（Bedford Falls）的人聽說貝禮建築金融公司因為借款人無法還款，而向另一家銀行借錢的謠言，憤怒的客戶要求領錢，貝禮解釋錢已經借貸給其他客戶，無法讓每個人提領。

這種情況不僅限於聖誕節溫暖人心的電影，曾經歷二〇〇七年至二〇〇八年金融危機的人，或許會覺得《風雲人物》是一則怪異的預言。二〇〇七年九月，人們開始在英國北岩銀行（Northern Rock）外大排長龍，想要一次提領所有的存款。銀行擠兌是由英國廣播公司（British Broadcasting Corporation, BBC）的新聞報導引發，該報導聲稱北岩銀行遭遇財務問題，想向英格蘭銀行借錢。

報導後的三天內，北岩銀行成為英國十九世紀以來第一家銀行擠兌的受害者。許多人排了幾小時的隊，同時有更多人聽到擠兌的新聞後開始擔心，並決定加入隊伍的行列。即使銀行無法還錢的可能性極低，你還是極想確保自己是第一批提款的人，必須趕在銀行無法退還存款之前。你等得越久，越覺得會有失去一切的危險。在這些人之中，個人決策成為自我實現預言，每個加入隊伍的新人都增加北岩銀行現金短缺的可能性。

從許多方面來看，這是很理性的行為。當時，存款保險——在英國稱為金融服務補償計畫（Financial Services Compensation Scheme），只保證客戶能拿回兩千英鎊存款，如果北岩銀行破產，還能再拿三萬三千英鎊的九成。所以在二〇〇七年，有大筆存款的人加入排隊行列是完全合理的。還好今日的保險計畫保證所有八萬五千英鎊內的存款都能取回，無論銀行發生什麼情況。

但是，銀行擠兌仍會發生。歷史上顯示，擠兌發生時可能是災難性的。在電影《風雲人物》裡，貝禮的妻子站出來，用蜜月旅行的經費支付給憤怒的客戶，拯救貝禮建築金融公司免於破產，但也毀了兩人的蜜月。不幸的是，許多銀行沒有足夠的蜜月經費可以拯救它們，在一九三〇年代的大蕭條時期，美國有七千家銀行在一九二九年至一九三三年間倒閉，其中許多件擠兌發生的原因就如同貝禮建築金融公司。[9]

中央銀行發揮的作用

所以如果銀行業者看到憤怒的客戶在門外排隊，全都等著領錢，又該怎麼做？或許會向自己的銀行尋求幫助。在英國，銀行業者的銀行就是英格蘭銀行。中央銀行被稱為「最後貸款人」（Lenders of Last Resort），當銀行陷入困境，例如沒有足夠的現金支付儲戶時，就得靠中央銀行了。

當然是有條件的，中央銀行只在特定情況下，才會借錢給陷入困境的商業銀行。第一個編寫這些條件的人是沃爾特．白芝浩（Walter Bagehot），他是維多利亞時代蓄鬍的博學家，對幾乎所有事情都有強烈看法。[10]在編輯《經濟學人》（*The Economist*）與撰寫憲法理論的重大著作《英國憲政論》（*The English Constitution*）之間，白芝浩抽空撰寫關於中央銀行的權威著作《倫巴德街》（*Lombard Street*）。

本書書名來自十九世紀中期放款人奧弗倫格尼公司（Overend, Gurney and Company）

所在的街道，那條街一直在英格蘭銀行後面，街名是以那些具創新精神的義大利人，也就是最早的銀行業者所命名。一八六六年五月，當時倫敦金融城最大的放款人奧弗倫格尼公司，暫停向客戶付款。恐慌接踵而來，以致於《泰晤士報》將這一天命名為「黑色星期五」(Black Friday)，在接下來一百五十年，還有許多次襲擊金融業的黑色星期五。[11]

在歷史的那個階段，英格蘭銀行仍是一家私人銀行，儘管地位非比尋常，它享有一些中央銀行的特權，例如控制國家的黃金儲備、獨占倫敦紙鈔的發行，同時向其他銀行提供低利率緊急貸款。然而，這次銀行董事會拒絕援助奧弗倫格尼公司，認為該公司已經無法挽救。董事會的結論是，奧弗倫格尼公司的財務困境是一連串糟糕的商業決策造成，這些決策導致風險比本應承擔的大。英格蘭銀行沒有拯救奧弗倫格尼公司，而是支持其他銀行和經紀人，為此耗盡儲備金。在過程中，英格蘭銀行確保其他放款人不會破產，整個金融體系也不會崩潰。

白芝浩稱讚英格蘭銀行接受它身為最後貸款人的角色，利用這件事概述放款人在什麼情況應該採取行動。英格蘭銀行前副行長保羅．塔克(Paul Tucker)總結白芝浩的名言：「為了避免恐慌，中央銀行應該盡早、自由(即無限制)地以良好的擔保品及『高利率』，向有償付能力的企業提供貸款。」[12]這基本上意味著，在恐慌期間，中央銀行應該只把錢借給能準時收回貸款，並繼續向客戶提供服務的銀行。此外，如果提供緊急貸款，利率應該夠高，才能阻止其他銀行向中央銀行求助，除非有絕對必要。

在這種情況下，中央銀行有點像是經濟安全帶，會在某些情況下保護你，但不是所有情況。被另一輛車撞上，或是突如其來的強風讓你偏離軌道時，安全帶會保護你；但如果你是糟糕的駕駛，就無法在你魯莽的行為下繼續提供保護。同樣地，中央銀行只會在短時間內幫助一家陷入困境的銀行度過難關，例如直到它們追回發放的貸款為止。中央銀行無法拯救那些發放不良貸款的銀行，或是在其他方面過度擴張的銀行，像是在薪資方面支出過多。

這一切都代表判斷介入時機是棘手的問題，中央銀行對借款對象和條件都必須小心謹慎。要了解原因，再以安全帶來解釋。另一位芝加哥大學教授暨經濟學家山繆．佩爾茲曼（Samuel Peltzman）曾指出，強制使用安全帶會導致車禍增加，理由是安全帶會讓人們認為自己可以安全地承擔更大的風險，可以隨心所欲地開車，誤以為出事也會有安全帶保護，他稱為「風險補償」（Risk Compensation）。[13]這個理論被證明錯誤，至少在英國如此，英國自從一九八三年實施強制使用安全帶後，道路傷亡的數量立即下降。[14]但是這個理論在金融界或許有些相關性，如果銀行知道有一家隨時準備提供幫助，還沒有嚴格條件的中央銀行，為何不多冒一點風險，好追求更多的客戶（和產生更高利潤）？

經濟學家稱這種知道有靠山就過度承受風險的行為是「道德危機」（Moral Hazard）。為了減少路上的道德危機，經濟學家戈登．圖洛克（Gordon Tullock）曾提出，與其強制繫上安全帶，政府應該要求在方向盤中央安裝大釘子，也就是圖洛克釘，[15]會讓駕駛更注意開快車的危險性。英格蘭銀行沒有這麼做，為了減少銀行界的道德危機，中央銀行對商業銀行的貸款設立條件，也試圖確保銀行運作良好，銀行陷入困境的可能性很低。這就是銀行監管的目的，銀行要獲准營運，就要遵守這些規定。

這些規定包括限制商業銀行的貸款額度，還要求銀行為每筆貸款保留緊急資金，好在部分貸款無法收回的情況下，可以緩解損失。這些緊急資金稱為銀行資本（Bank Capital），也就是銀行擁有的資金與所欠資金之間的差額。你可以認為這是一個保護性緩衝，確保銀行能承受貸款損失，而不會破產。資本來自銀行的股東，如果你購買一百英鎊銀行股份，便提供一百英鎊資金，如果銀行績效不佳，造成損失，你也會失去部分或全部的錢，如果銀行表現良好，你有權得到部分利潤，作為股份紅利支付給你。

資本要求的設定

如今人們普遍接受在二〇〇七年至二〇〇八年金融危機前，銀行資本太少——包括喬瑟夫．史迪格里茲（Joseph Stiglitz）等經濟學家和前美國總統巴拉克．歐巴馬（Barack Obama）等人都同意這個觀點。但是從此以後，各國中央銀行與監管機構實行一系列新政策，以增加資本，並減少道德危機，現在英國的銀行資本比金融危機前多了三倍。16

足夠資本就能確保你的錢在銀行是安全的嗎？考慮到銀行危機可能有多嚴重，英格蘭銀行難道不該設定更高的資本要求，好確保銀行永遠不會倒閉？問題是就像在方向盤上裝釘子，可能代表沒有人願意開車，銀行資本的要求太高，也會阻止它們放貸或實現其他有用的經濟功能，從而讓經濟和所有人都雪上加霜。

今日中央銀行傾向採取更有彈性的做法，而不是無止盡地提高每家銀行的資本要求。資本要求有很多變化，可以把它們想像為速限，速限會隨著不同道路改變，但設計都是為了阻止駕駛人冒太大的風險。首先，發放高風險貸款的銀行被要求擁有更多資本，而發放安全貸款的銀行資本就不需要那麼多。自二〇〇七年至二〇〇八年金融危機後，中央銀行引進新的「總體審慎政策」（Macroprudential Policy），銀行必須擁有多少資本，視經濟和信用情況而定：也就是人們取得貸款的難易程度。

信用情況不佳時，銀行不願放貸，被要求持有的資本較少；信用情況良好時，銀行樂於放貸，被要求持有的資本較高。這種方式在鼓勵銀行建立資本「緩衝」，在經濟強勢時，可以發揮緩衝作用；在經濟動盪時，可以減少這些緩衝，並持續放貸。理由是，當經濟困難時，銀行可能會停止放款，這將導致更多的經濟問題。這時候政策制定者希望銀行能持續放貸，所以允許減少保護性緩衝，從而更有可能繼續放貸。另一方面，經濟情況良好時，銀行擁有更大的保護緩衝是很合理的；如果事情真的開始出錯，手裡也有錢足以應付。經濟表現不佳時降低銀行資本，表現好時提高資本，這個原則稱為「抗循環資本緩衝」（Countercyclical Capital Buffer）。

在英國，這種緩衝的規模由英格蘭銀行財務政策委員會（Financial Policy Committee）訂定，這個委員會由銀行行長與銀行內外的資深經濟學家組成。經濟情況發生變化時，委員會便考慮改變緩衝的規模。舉例來說，二〇二〇年三月新冠肺炎危機在全球蔓延時，委員會就減少銀行需要持有的資本量。這有助於確保銀行能持續放貸，即使經濟看來很不穩定，能夠還錢的人似乎也變少了。

英格蘭銀行怎麼知道要將資本要求設為多少？在很大程度上，數字來自於經濟模型，在下一章會討論到。但是中央銀行家還有一些錦囊妙計，有時候中央銀行藉由刺激「壓力測試」，決定銀行必須持有多少資本，建立經濟危機的模型，要求銀行說出自己的回應方式。舉例來說，如果GDP下降一〇%，銀行必須說出做法：這會如何影響它們的借貸，以及持有多少資本；如果失業率上升五%，抵押貸款損失會有多大？這些刺激有助於政策制定者決定銀行應該持有資本的多寡。

這在理論上聽來很有幫助。當然，如果沒有支撐它們的力量，這種政策就毫無意義，因此中央銀行不只是制定道路規定，還有金融交警來執行這些規定。在英國，英格蘭銀行轄下的審慎監管局（Prudential Regulation Authority），與身為獨立監管機構的金融行為監理總署（Financial Conduct Authority）就是金融交警，負責確認銀行遵守這些規定，如果違反規定，可能被處以巨額罰款，或是在極端情況下會勒令營業。這個交警角色的另一個基本部分是，在出現問題時努力保持秩序。當銀行真的倒閉時，中央銀行有一個稱為「清理」的流程，確保銀行是安全倒閉，不會傷害客戶、其他銀行或金融體系的其他部分。

這些變化是相對較新的，都是在二〇〇七年至二〇〇八年金融危機之後實施，當時的大眾和政策制定者意識到，銀行業需要增加對經濟衝擊的應變能力，但成果是顯著的，這表示你的錢在銀行應該會比以前更安全，當然也比藏在床墊下安全。

將錢存在銀行帳戶帶來的經濟利益

身為英格蘭銀行的員工，我們或許會說銀行是好東西。所幸我們不是唯一提出這個觀點的人，幾乎所有經濟學家都同意，銀行不只是最安全的存錢場所，還是全球經濟運作不可或缺的一部分。

最明顯的是，這歸因於個人將錢存在銀行帳戶裡帶來的經濟利益，它更安全，床墊裡的錢可能被丟掉或偷走，雖然存在銀行裡也有可能，但可能性較小。同時存在銀行的錢更容易使用，你可以從各地的自動櫃員機提領現金，不必放在行李箱內到處跑。還有一個遠遠超出任何個人的經濟利益，就是保持資金在經濟體中順暢流通。

與此同時，銀行用你的存款做的事能帶來經濟上的好處，不只是坐擁你的存款，還借錢給其他人和公司，透過部分準備金制度，借出的錢比金庫裡的錢多得多，而這個過程中會創造更多的錢，正如在第七章中討論的。透過放貸，銀行能將存款導向最有生產力的用途，例如借錢給個人買屋，或是借給公司資助投資。

儘管對銀行風險感到遲疑猶豫是歷史常態，但今日你放在銀行的錢還是比過去安全，有一整套規章制度和資本標準，確保你的存款是安全的。此外，英格蘭銀行身為「最後貸款人」的地位，代表如果銀行遇到短期現金流問題，可以隨時提供幫助。如果事情真的變得非常糟糕，清理流程的建立能確保銀行安全倒閉，不會引起金融體系裡的骨牌效應。

總體來說，銀行能安全保管你的錢，並確保每個人的錢在整個經濟體中獲得良好運用。但即使在複雜的金融監管年代，銀行體系也不一定會平穩運作，銀行會發生財務問題，在許多情況下，這是經濟中更廣泛問題的結果。中央銀行能減輕經濟危機的後果，並努力阻止金融體系裡的問題，防止危機惡化，但是不能完全消除危機。最後兩章的重點就是這些經濟危機，以及經濟危機的因應方式。

第九章

為什麼沒有人能夠預見崩盤？

——經濟危機的起因與預兆

討論經濟危機及其起因、為什麼經歷經濟衰退並不有趣，以及經濟學家和氣象預報員的驚人相似性。

二〇〇八年十一月，英國女王伊莉莎白二世（Elizabeth II）參觀倫敦政經學院（London School of Economics and Political Science, LSE），並為一棟新建築揭幕。許多人認為這只是一場再平凡不過的參訪，但女王卻不這麼想。當時是二〇〇七年至二〇〇八年經濟危機最嚴重的時候，也是自一九三〇年代以來最嚴重的一次，她心裡想的不只是這棟現代主義的建築。參觀到一半時，她轉向那群經濟學家，問出國內其他人也想知道的問題：「為什麼沒有人能預見危機到來？」

往後十年，經濟學家為這個問題爭論不休，在大學講堂、經濟學期刊、報紙專欄和電視辯論中，都會談論這個問題。同時，預見危機到來的少數經濟學家一夜之間成為經濟名人。

答案是什麼？有具體的答案，也有概括的答案。二〇〇七年至二〇〇八年的危機，本質上是因為銀行發放不良貸款所引發，把錢借給不可能還錢的人。許多（但不是全部）經濟學家並未注意到這一點，因為沒有把這些事件連接起來，以為由於銀行與經濟的其他部分相互交織，只有少數未償還的貸款會產生遠遠超出房地產市場的影響。女王曾向倫敦政經學院經濟學家路易斯・加里卡諾（Luis Garicano）提出這個問題，他後來在《衛報》（*Guardian*）上寫道：「我告訴女王，局面失控的原因是那些在貸款鏈上每個環節工作的人，都渴望繼續執行他們拿薪水該做的事。」[1]

概括的答案更複雜，指出經濟崩潰的漫長歷史、它們混亂的本質，以及不可預測性，過去七十年的每一年無疑都會發生經濟崩潰。

其中最著名的是，一九二九年十月二十四日星期四的事件，買賣美國公司股票的紐約證券交易所（New York Stock Exchange）在上午九點開盤後數小時內，就下跌約一〇%，[2]這一天被稱為黑色星期四，幾天後又出現黑色星期一和黑色星期二。五天內，股市下跌二五%。[3]近一個世紀過去，黑色星期一仍是歷史上最大的跌幅。

華爾街崩潰引發有史以來最嚴重的經濟危機——經濟大蕭條，後續是大規模失業和所有伴隨而來的災難：不斷加劇的貧窮、政治動盪及慈善廚房的漫長人龍。[4]儘管許多紐約人和當時住在歐洲的五億兩千六百萬人與華爾街的一切相隔甚遠，[5]但華爾街發生的事卻影響美國人和全世界上百萬人的日常生活，全球人均GDP在一九三〇年至一九三二年下跌近二〇%。[6]

時間快轉到一九八七年十月十九日上午，華爾街券商臉上都帶著類似的驚恐表情，股市再次暴跌，跌幅高達二三％，美國股市市值蒸發一兆美元，[7]這一天被稱為黑色星期一，又是一個黑色星期一。許多人想起一九二九年的情況，以致於《綜藝》（*Variety*）雜誌再次引用一九二九年十月三十日早晨的標題「華爾街一敗塗地」。

只是這一次，金融界的危機尚未擴散到經濟的其他領域。美國在一九八八年和一九八九年的GDP成長率分別達到四％，甚至一九八七年的GDP成長率總體上也是正成長，[8]那是經濟繁榮時期。

這兩個案例研究表明，經濟危機可以多麼複雜、出人意料和隨機，它們的到來似乎毫無預兆，可能只影響一個經濟領域或多個領域，也表明金融危機和經濟危機完全不同。

經濟危機是指經濟緊縮期或GDP下降，如果經濟緊縮期超過六個月，經濟學家稱為衰退（Recession）。這種危機的衝擊比華爾街大得多，對普通人的支出和投資決定都會造成影響，但不是所有銀行和與金融業的危機都會導致經濟危機，過去一百年只有半數的危機導致衰退。

所以為了回答女王的問題，需要深入研究金融界和廣大經濟學之間的關係，也需要解釋為什麼預測兩者的軌跡會如此困難。歷史上有很多次，經濟學家被大規模的經濟危機弄得措手不及；也有些時候，即使經濟學家認為會發生危機，最後卻沒有發生。事實上，經濟學家錯的次數比對的次數多。考慮到這些，你要如何著手預測下次危機的這項艱鉅任務？

步步進逼的明斯基時刻

在八十五年的生命歷程裡，你很可能會經歷八次經濟危機，這是一般英國人一生中搬家次數的兩倍。本書作者在身為英國銀行經濟學家相對短暫的職業生涯中，已在英國見證兩次危機。但是並非所有危機都會改變世界，每次危機都不一樣，一九二九年的結果與一九八七年迥異，以後美國發生的十三次股市崩盤也都不同。經濟通常會逐漸擴張，然後逐漸收縮，有時經濟會快速陷入低谷，然後幾乎立即復甦。

這些危機出現的原因是什麼？引發危機的因素有很多，包括投機性金融泡沫、銀行擠兌、利率上升、房價下跌、貿易戰、油價變化、戰爭、飢荒、社會動盪、流行病或上述因素的結合。

不過有幾種危機的形式特別常見，最值得注意的就是金融危機。金融界出現問題不是新鮮事。紀錄中最早的金融危機發生在西元三十三年的古羅馬，當時地價下跌，拿土地抵押貸款的地主難以償還，導致放貸人停止借款。但是近幾十年來，金融體系的問題影響更廣泛，有時候會導致全面經濟危機。這是因為金融市場比過去更融入經濟的其他領域，所以金融界的問題可能會波及其他領域。

我們可以透過研究最著名的金融危機，理解危機是如何發生的：一七二〇年爆發的南海泡沫事件（South Sea Bubble）。南海公司（South Sea Company）成立於一七一一年，與南美的西班牙殖民地進行貿易，尤其是將被奴役的非洲人帶到礦場或農場工作。當時，英國正處於和西班牙的長期戰爭中，英國政府為此耗費巨資，解決之道是向南海公司販售政府債券，債券持有人也可以用債券交換南海公司股票，政府每年支付的利息都會分給公司股東。這家貿易公司賄賂部長和議員，取得這筆有利可圖的交易。到了一七二〇年，該公司已經購買並持有政府全部三千萬英鎊債券。[9]

除了支持奴隸貿易的不道德外，這個計畫在經濟上也存在問題。南太平洋是西班牙和葡萄牙的殖民地，交通受阻，所以很難從該計畫中獲得任何收入。或許更重要的是，跨洋奴隸交易是極其危險的事，旅途中的死亡率高得嚇人，導致人類「財產」的損失，也損失利潤。儘管奴隸貿易能為個人投資者帶來巨額利潤，但要藉此作為政府財政的安全基礎，整體來說風險太大。

然而，南海公司股票需求很大，從貴族、政客到中下階層的倫敦人都購買該公司股票，包括國王的情婦肯德爾女公爵（Duchess of Kendal）、倫敦德里伯爵（Earl of Londonderry）及湯馬士．皮特（Thomas Pitt）。南海公司股價很快飆升到近一千英鎊，相當於今日的二十萬英鎊。[10]這些股票的投機盛行，有些人明知價格過高仍買進，希望能在股票回到合理價格前，用更高價格賣出；有些人向銀行借錢買股票；還有其他人則投入畢生積蓄。突然股價暴跌，人們才意識到這家公司的價值與購買股票價值相差甚遠。

這就是經濟學家所稱的明斯基時刻（Minsky Moment），這是以明斯基為名，曾在第七章討論他。在二十世紀末的大部分時間裡，明斯基的著作快要被遺忘，在二〇〇七年至二〇〇八年金融危機的影響中，明斯基的著作又被挖掘出來。當大家知道自己投資的股票價值遠比想像來得低，明基斯的同名時刻就來臨了。[11]當投機活動達到無法持續的極端時，就是臨界點。一個特殊事件可能引發價格開始下跌，導致人們恐慌，在南海泡沫事件的案例裡，就是人們了解購買股票的公司沒有那麼賺錢。你可能看過銀行業者抱頭的畫面，或是在南海公司裡，投資者沮喪盯著倫敦咖啡館的黑板——明斯基時刻可能正在到來。

即便如此，股價突然大幅下跌可能帶來更大範圍的經濟危機。一七二〇年，許多人失去一生積蓄而破產。艾薩克．牛頓（Isaac Newton）在當時也算是精明的投資者，損失大約兩萬英鎊，相當於今日的四百多萬英鎊。正如牛頓後來所說的，他可以「計算天體運動，但無法計算人的瘋狂」，[12]他是在描述經濟學家口中的從眾行為（Herd Behavior）：人們基於他人的行為或選擇做出決定。

這一波破產對整體經濟都造成影響。由於無法收回債務，倫敦的銀行開始倒閉，很快也對其他股票的買賣價格造成有害影響。這種危機被定義為投機：因為人們認為它會升值，而對一項資產進行大規模投資，當他們知道資產被高估時，泡沫就會破滅。在一九二九年、一九八七年及二〇〇七年至二〇〇八年，都發生一樣的事。

導致經濟危機的投機泡沫

這種投機泡沫很常見，但不是所有泡沫都會導致經濟危機。以豆豆娃泡沫（Great Beanie Baby Bubble）為例，豆豆娃（Beanie Babies）是絨毛玩具，通常價值五美元左右。在一九九〇年代晚期，收藏家開始認為有些款式很稀少，所以只會升值。在一段時間內，這些玩偶的確升值了，當時在eBay上一個豆豆娃可賣出五千美元以上，當這些玩偶的價格上漲時，越來越多人尋找，造成價格越來越高。對絨毛玩具迷來說，那是一個戲劇性時代，人們形成豆豆娃走私圈，一名七十七歲的男人〔又名豆豆娃強盜（Beanie Baby Bandit）〕竊取價值一千兩百美元玩偶，還有一次人們爭先恐後想得到一隻稀有的「加西亞」（Garcia）熊時造成踩踏事件，一群小孩因此受傷。豆豆娃製造商Ty一度成為世界最大的玩具公司，創辦人在世界富豪榜上排名第八百七十七名。但是和大多數泡沫一樣，有上漲必然會下跌。二〇〇〇年，收藏者發現這些玩偶的價值遠比自己付出的價值來得低，因此許多人賣出手中的玩偶，其他投資的人也重新考慮選擇，導致這些玩偶的價格進一步下跌，許多人失去存款，還有家庭損失十萬美元。[13]

這一次泡沫並未蔓延到更廣泛的經濟領域，因為只涉及少數投資者，和金融體系的其他部分無關。然而，這的確揭露非理性投資行為有多麼普遍，近年來，包括棒球卡、手錶、房地產市場和科技公司股票都曾出現泡沫。

為什麼這種投機行為會如此普遍？經濟學家理查・席勒（Richard Shiller）的解釋，為他贏得諾貝爾獎。他表示，當價格上漲時，即使不理性，投資者也希望參與其中，他將這種現象稱為非理性繁榮（Irrational Exuberance）。如果你的朋友都對某項投資瘋狂，例如加密貨幣，都說它的價格只會上漲，你或許也會想要投資，因為很難相信所有朋友都是錯的，所以你會跟隨他們。同時，價格上漲時，人們的信心也會增加，風險趨避的行為也會變少。價格上升時，人們加倍投資，將價格越推越高。

然而，投機不是經濟危機的唯一原因。以經濟學家所說的「黑天鵝」（Black Swan）事件為例，不可預測的災難性事件就像黑天鵝一樣，你知道牠的存在，但是很稀少，而且很難事先預測。新冠疫情危機就是典型的黑天鵝，限制病毒擴散的行為導致整個經濟封閉，九十多個國家進行國境封鎖，影響全球一半以上的人口。結果是金融恐慌，二〇二〇年三月十二日，股市下跌近一〇%，這是自二〇〇八年崩盤以來最大跌幅。[14]

鑑於封鎖會持續多久的不確定性，人們對疫情新一波感染與病毒變異的恐懼，導致對經濟信心低落。這表示即使人們可以花錢，但很多人還是選擇不這麼做，同時許多公司根本無法賣出東西：餐廳與商店都關閉、工廠也停工，以及出口貨櫃船隻也不再航行。這是一場完美風暴：缺乏花錢的機會，也沒有花錢的意願。光是二〇二〇年，全球GDP就下跌近四%，可能是經濟大蕭條後的最大緊縮。[15]

新冠疫情的例子顯示，投機遠遠不是經濟動盪的唯一原因。危機經常是由阻礙全球經濟有效運作的因素引起，流行病、戰爭、貨物短缺，一切都讓經濟難以運作，因而可能導致經濟動盪。

經濟危機的高昂代價

經濟危機代價高昂，二〇〇七年至二〇〇八年金融危機讓每個美國人付出近七萬美元的代價，而危機通常會讓每個英國人損失兩萬一千英鎊。[16]這些錢足夠讓英國的每個女人、男人和小孩買一輛新的福特（Ford）嘉年華（Fiesta）汽車，還有剩餘。

當然實際上，這些統計數字只是一部分人的情況，危機其實讓一些人損失超過七萬美元，其他人則少得多。每場危機的影響各異，受影響的經濟領域也不同，取決於引發的原因和因應危機的政策。某些影響只在短時間內針對某些人，其他影響則在多年後才會顯現。

不過，有一些反覆出現的結果。危機對經濟最直接的影響之一是，經濟信心的低落，這意味著人們不太可能花錢。例如在經濟衰退時期，男性可能會延遲購買新內衣的時間，導致危機期間內衣銷售量下降。這是美國聯準會主席艾倫·葛林斯潘（Alan Greenspan）用來衡量經濟表現的首選指標之一。然而，這種現象的影響不只侷限於內衣，人們傾向在衰退時期削減開支，因為像房屋等資產的價格已經下跌，讓人們感覺不那麼富裕。

這可能導致企業倒閉，經濟衰退打擊所有企業，從大公司到家庭式商店。人們支出減少時，企業營收就會下降，支付員工薪資或電費帳單等費用就會更困難。如果公司無法支付這些費用，或是必須借錢才能支付，可能會被迫關門。有些公司可能會削減員工薪資，以減少成本，避免倒閉，但是由於薪資變少，這些員工可能會減少在其他公司的花費，讓其他公司也難以保持資金流動。

為了解這些壓力如何波及整個經濟，可以檢視二〇〇〇年代晚期的冰島。和世界上大多數地方一樣，該國到了二〇〇九年仍在一場巨大的經濟危機中掙扎——GDP下跌八%，冰島克朗價值只剩下去年的一半。[17]由於匯率疲軟，冰島麥當勞（McDonald's）無法進口漢堡所需的牛肉、起司及蔬菜，突然要經營快餐店幾乎變得不可能，結果雷克雅維克（Reykjavik）的三家麥當勞不得不關門大吉，再也沒有開張。今日你可以參觀（或是觀看直播）這個國家最後的大麥克和薯條，被保存在冰島南部博物館的密閉玻璃櫃中。這個大麥克暗示經濟危機的長期後果：許多企業倒閉，再也無法開門營業。二〇〇七年至二〇〇八年金融危機餘波中的英國受害者，包括連鎖唱片行HMV、[18]家具公司MFI，當然還有我們最喜歡的Pic'n'Mix糖果供應商——沃爾沃斯超市。

這種倒閉導致危機的第二個經濟後果：失業率。公司關門，員工失業，在整個經濟中，這種裁員可能會導致災難。在經濟大蕭條時期，美國每四人中就有一人失業，如果你在衰退期間失業，通常很難再找到新工作。有些人受到的影響更大，最受衝擊的經常是較年輕和低技能的工人。在二〇〇七年至二〇〇八年金融危機中，十八歲到三十歲的人比其他族群的失業率更高，實質薪資下降更多。[19]

一旦經濟復甦，多數人會找到新工作，有時會轉向不同行業。例如在二〇〇七年至二〇〇八年金融危機後，有些失業的銀行從業人員再次接受培訓，成為科學教師。[20]但是如同第三章討論的，如果人們長時間失業，或許會永遠失去技能，從長遠來看，他們更不具備就業能力，這表示經濟危機帶來的影響可能持續數十年。如果經濟衰退持續的時間太長，低技能工人或許會完全停止尋找工作，因為知道找到工作的機會微乎其微，潛在薪資也很低。

這導致危機的第三個經濟影響：更大的不平等。經濟衰退時，所得不均擴大，貧窮更普遍。二〇〇九年至二〇一〇年，在金融危機的餘波中，前一%的富人收入增加近一二%，其他九九%的人口收入則大致持平；[21]換句話說，只有收入最高的人看到經濟復甦的好處，而不是所有人。一九二九年金融危機和隨之而來的經濟大蕭條也出現一樣的情況，一九二〇年至一九二八年間，前五%的富人收入增加四分之一至三分之一。

經濟衰退的長遠影響

經濟衰退會有這種影響，有幾個原因。一是那些已經很窮的人可能教育程度較低，所以失業後工作機會也較少；二是收入較低的人如果失業，可以依賴的存款較少，讓財務復原之路更艱辛。

這種差異不只發生在不同收入的族群之間，也發生在不同世代之間。二〇〇八年至二〇〇九年金融危機後，英國子女輩收入超過父母輩的比例減少，因而強化父母收入與子女收入的關係，遺產突然成為增加財富的更重要因素。長久來說，經濟衰退往往會破壞未來幾個世代的社會流動性，對經濟體成長產生長期影響。

對經濟衰退的所有影響來說，這些經濟問題或許只是管中窺豹，衰退影響社會的每個面向，包括我們的生活方式、情緒和人際關係。以經濟健康對人民健康的影響為例，最明顯的就是經濟動盪會影響心理健康。在二〇〇七年至二〇〇八年全球金融危機後，隨著失業率上升，英國男性自殺率提高一五%。[22]衰退也影響人們的身體健康，今日有明確證據表明，在經濟衰退時期，心臟病和中風罹患率會提高。

對健康的影響不僅發生在成人身上，兒童也無法倖免。在經濟不穩定情況下成長的年輕人，被壓力和不安全感包圍，罹患心理健康問題的風險更高。在最近一次經濟衰退期間，兒童對心理健康服務的需求增加五〇%。[23]蕭條（和經濟衰退）的壓抑影響，或許也能解釋經濟衰退與離婚率的關係，在經濟衰退後，離婚率往往會上升，因為夫妻發現難以應付經濟壓力——在二〇〇三年至二〇〇九年，離婚數總體呈現下降趨勢，但在二〇一〇年又上升五%。[24]（另一方面，你在離婚後更有可能受邀約會，研究顯示，當經濟陷入困境時，人們會尋找其他人進行第一次約會，似乎經濟動盪會讓人感覺孤獨。）[25]

一切都顯示，經濟衰退對社會和經濟帶來的無數影響，絕對不只是失業率、成長率或薪資可以解釋，還會影響生活的每個面向，有時甚至是正面的，例如空氣汙染。二〇二〇年初，中國因為新冠疫情造成製造業崩潰，使得空氣汙染大幅降低，連帶也讓都市地區死亡率下降。事實上，有些經濟衰退已被證明會延長平均壽命。在經濟大蕭條時期，美國高失業率區域的死亡率下降，或許是因為人們削減香菸花費，或通勤上班的人變少，路上車輛變少，死亡車禍次數也因此減少。

如果經濟體可以度過衰退期，有時候能因此變得更健康，經濟危機通常會讓較好的公司更有利可圖，奧地利經濟學家約瑟夫・熊彼得（Joseph Schumpeter）稱為創造性破壞（Creative Destruction）。不良企業破產；平庸的企業不得不加緊腳步，設法存活，而好的企業往往都能平安無事，這通常也意味著原本流向不良企業的資源，可以釋放給好的企業，或是成立新的公司。有關創造性破壞的案例發生在二〇〇〇年初，當時納斯達克（Nasdaq）證券交易所中，網路公司股票連續多年上漲後崩盤了，靠著過度炒作而成長的企業都倒閉，同時崩盤加速那些不靠炒作、真正可行的網路公司興起，例如eBay，最終改變數十億名消費者的習慣。

預見經濟危機到來的注意事項

上述討論如何幫助回答女王的問題？這暗示著要預見經濟危機到來，你必須注意幾件事：第一是全球經濟裡任何混亂跡象，無論是投機泡沫、快速蔓延的疫情，或是不可持續的失衡，例如人們欠下太多債務；第二則是消費者或企業信心的低落，可能蔓延到整個經濟體系。

經濟學家的角色之一，就是蒐集和利用這些資訊進行預測，雖然有時並不成功。如果女王拜訪倫敦政經學院時，我們也能在場，或許會告訴她，決定未來的經濟情況就像天氣預報一樣，經濟學家和氣象學家都不擅長精準預測什麼時候會下暴雨、什麼時候會經濟崩潰，但都善於預測季節改變或是經濟的總體趨勢。

氣象學家知道北半球的八月比十二月溫暖，如果你住在英國，知道三月後就可以收起厚羊毛外套（或者實際上是五月），你知道年底使用太陽眼鏡的頻率會比年中低。同樣地，經濟學家知道經濟處於繁榮還是蕭條，也就是景氣循環，也可以預測經濟可能成長或萎縮。但是如同在十二月中也可能用到太陽眼鏡，或八月也可能使用雨傘（如果住在英國，這可能很常見），景氣循環裡有時就是會出現意外的經濟氣候。同樣地，經濟學家可能知道經濟即將萎縮，卻無法準確預測時間或誘發的原因。

所以，經濟學家會使用什麼工具進行預測，甚至是發現那些正在出現的危機？他們會建立模型。就像天氣一樣，經濟學很複雜，複雜到經濟學家無法（在沒有幫助的情況下）完全理解正在發生的事。它是由數百萬個人民、企業和政府不斷互動而組成的複雜體系，所以為了更能理解經濟，經濟學家和氣象學家一樣，都使用模型來簡化這個世界。

正如第二章討論的，模型總是有點不準確，但也有用，能幫助經濟學家理解政策的影響，或是經濟不同部分相互作用的方式。

無論是氣象學或經濟學，大多數模型都是由兩個部分組成。第一個部分是資料，而且很多時候是大量的資料。在英格蘭銀行，我們使用一百個以上的資料集，裡面有超過上億個位元的資料。我們的模型中使用的重要資料，可能預示危機即將爆發，例如高風險借貸的增加（如在經濟大蕭條和二〇〇七年至二〇〇八年金融危機看到的），或是房價的下跌。

一些經濟學家越來越常使用非正統的資料趨勢，辨識即將出現的問題。有些細微又奇特的跡象，可以指出經濟或許即將陷入衰退期。舉例來說，紙板使用量的急劇下降，通常代表危機即將爆發。世界上大多數非耐用品都是用紙箱包裝，如果紙板銷售量增加，代表公司的生產量增加，所以就業率也會增加；若是紙板需求開始減少，經濟信心可能即將崩潰。類似模式也出現在露營車等高價商品的銷售中，一九八九年、二〇〇〇年和二〇〇六年的休旅車銷售量都曾下滑，隨之而來的便是經濟衰退。

對經濟模型的誤判

事實上，對衰退最準確的短期預測是《紐約時報》和《華盛頓郵報》（*Washington Post*）裡，「衰退」（recession）一詞出現的文章數量，《經濟學人》命名為R指數（R-index）。指數越高，衰退即將發生的可能性越高。這是一個簡單的方法，但確實驚人的準確，正確預測一九八一年和二〇〇一年的經濟衰退。[26]這或許也反應危機的自我實現本質，如果有越來越多人開始擔憂經濟，越來越談論並寫下這份擔憂，這種情況就會發生。

其次，則是假設，經濟學家（和氣象學家）對世界運作的方式做出假設或判斷，藉此決定接下來會發生的事。氣象學家在預測天氣時，會對不同天氣系統在一年中各個時間的互動方式做出假設，因為他們一次次看到這樣的氣候模式，才能做出這樣的假設。同樣地，經濟模型也做出假設，或許假設一次只有一部分經濟體會發生變化。舉例來說，經濟模型可能預測電動車價格下降，會導致電動車買主增加，但或許忽略薪資下降或購車貸款利息增加的事實，所以汽車購買總數反而減少。

經濟模型中最持久（且最具爭議）的假設是，人們是理性的：這個概念認為在經濟中的多數人、企業和政府，都會以有利於自己的方式行事，如同在第一章討論的效用最大化機制。因此經濟學家假設，在經濟衰退時期，人們會增加儲蓄，因為不確定自己能否保住工作。

在許多案例中，這些假設不會破壞模型的準確性，直到它們真的破壞準確性為止。如今經濟學中有一個蓬勃發展的次領域，在研究人們所有的非理性行為，也因此證明許多傳統經濟模型有缺陷存在。這種洞察力支撐「行為經濟學」這門學科，會這麼命名是因為它研究人們真正的經濟行為，這種行為可能基於情緒，而不是傳統經濟模型所說的應有行為方式。這種非理性無處不在，這就是即使已經遠遠超過出版社的截稿日期，我們還是會在酒吧裡多喝一杯；或是你明知廚房的冰箱裡滿是食物，還是會點外賣的原因。

這種非理性意味著，經濟學家的模型經常是錯誤的。例如在南海泡沫事件中，許多經濟模型（如果當時存在的話）會假設人們不會繼續投資股市，因為股價顯然沒有理由繼續上漲；或是在一九九〇年代，人們不會排隊數小時買絨毛玩具當作投資，但是人們這麼做了，而且大部分的人都虧損。

結果，模型常常讓我們失望。再以氣象預報來比較，一九八七年，ＢＢＣ氣象預報員麥可．費什（Michael Fish）對一位觀眾暗示颶風即將來臨一笑置之，因而出名。當晚，英國遭遇一七〇三年以來最具毀滅性的風暴，風速高達每小時一百一十五英里，成千上萬的房屋斷電，十八人死亡。就像氣象預報一樣，經濟學家出錯時也可能會非常嚴重。二〇〇七年，英格蘭銀行預測二〇〇八年成長率是一％至四．五％，他們注意到「國際金融市場動盪」，卻沒有預測到經濟危機即將發生，[27]前首席經濟學家安迪．霍爾丹（Andy Haldane）稱這是經濟學家的「麥可．費什時刻」（Michael Fish Moment）。事實上，經濟學家的紀錄比費什更糟糕，全球自一九九〇年代以來共有一百五十三次衰退，經濟學家有一百四十八次都預測失敗。

考慮到這些，你或許會問：為什麼經濟學家仍依賴模型預測經濟趨勢。答案是：這依舊是我們手邊最好的方法。記得沒有一個模型是正確的，但有些模型是有用的，許多經濟學家可能會說，一個有瑕疵的模型比完全沒有模型來得好。[28]

結果雷同但成因各異的金融危機

二〇〇九年七月二十二日，一群經濟學家寫信給女王，為她的金融危機問題提供一個深思熟慮後的答案。[29]答案來自六月十七日在英國國家學術院（British Academy）的論壇，這封信解釋一些經濟學家的確預測到危機，問題是他們不知道觸發危機的準確原因，也不知道準確時間或嚴重程度，就像那些氣象學家，可以預測下雨，卻難以預測雨量或降雨時間。

說實話，許多政策制定者都寫過關於金融市場中高風險行為的危險性，許多人認為銀行把錢借給看來就不太可能還款的人，顯然是糟糕的舉動，但是大多數人沒有把房價下跌、銀行問題及整體經濟中更廣泛的問題聯繫起來，他們沒想到銀行業如此大量的未償還貸款，會讓全球經濟陷入困境。

信中也指出，在危機的形成過程裡，已經證明經濟模型擅長預測小規模的短期風險，但卻無法說明對經濟體中其他部分會有什麼影響，或是預測出問題時會發生的全部後果。這些經濟學家和他們的模型，未能將這些點加以連結。

這是一個深思熟慮的答案，不過用處不大，尤其是如果女王不只關心上一場危機，也想預防下一場危機出現。雖然將點相互連結能改善經濟學家預測危機的能力，但是每個危機各不相同，未來的危機不太可能和過去的危機一樣。本質上，鑑於經濟和經濟中的人很難預測危機發生的時間與原因，經濟的運作不一定符合經濟學家的想像，因為人們並不理性。

那麼針對女王的問題，或許最簡單的答案就是最好的答案。預測危機很難，因為經濟和人很複雜。

一切意味著經濟學家的角色，不只是預測與預防危機，在複雜的世界中，認為可以預防所有危機是魯莽的想法，經濟學家不僅要預防危機，還要對危機做出反應。

我們可以影響經濟，政府和中央銀行有很多手段能管理危機，無論是預防危機、因應危機，還是維持現狀。政策制定者在管理經濟的角色，是最後一個問題的重點。

第十章

為什麼不能多印一點鈔票？

——量化寬鬆的影響

討論「量化寬鬆」（Quantitative Easing, QE）到底是什麼？為什麼到不了彼岸的橋並非一無是處？為什麼《魔戒》（*Lord of the Rings*）不是紐西蘭唯一出口到全球的產品？

西班牙影集《紙房子》(*Money Heist*)裡，一群聰明的銀行搶匪闖入馬德里的皇家鑄幣廠(Royal Mint)，他們的目標是印鈔票，超過二十億歐元的鈔票。他們的領袖「教授」(El Profesor)熱情地提倡，這不是偷別人的東西，這是新的錢，不是從他人的銀行帳戶拿錢，所以這次搶劫合乎道德。

這個節目的戲劇性在於，這次搶劫的膽大妄為，事實上與全世界中央銀行在過去十年合法做的事相去不遠。雖然他們沒有真的啟動印鈔機，但是近年來全球的中央銀行一直在製造貨幣，規模之大讓這群西班牙銀行搶匪汗顏。自二〇〇七年至二〇〇八年全球金融危機開始，到本書寫作時，英格蘭銀行已經製造一兆新鈔，並用於購買經濟體中的物品，相當於每個英國人將近一萬五千英鎊。不只英國如此，美國聯準會製造超過七兆美元，歐洲中央銀行的數量也差不多，幾乎是無中生有。[1]

為了理解中央銀行何以對貨幣供給，做出如此天文數字的擴張，本章將探討中央銀行可以用來引導經濟的經濟槓桿，將討論這些槓桿如何影響你和周圍的世界，以及最終是什麼約束中央銀行家沒有按下印鈔機的按鈕。還將深入探討政府影響經濟的其他方式，例如利用稅收與支出，盡可能保持經濟平穩運作。這一課談的是經濟政策制定，我們將踏上跨越時間的環球旅行，旅行的起點是一九九〇年代的日本。

中央銀行刺激經濟的武器

一九八〇年代是日本經濟的繁榮時期，這個國家當時已經成為全球資本主義的寵兒，生產各種高科技產品，像是隨身聽或汽車。到了一九九〇年代早期，泡沫破滅了。更準確地說，是兩個泡沫破滅了：房價泡沫和股市泡沫，結果造成經濟趨緩，民眾與公司的開支開始減少。

隨著經濟趨緩，通膨下降——因為如同第六章討論的，需求降低代表物價成長的速度也會變慢，甚至下降。日本銀行需要找到方法刺激經濟，增加通膨，目標和多數中央銀行一樣，都在維持物價穩定，這能代表經濟中的支出量是健全的。

不過，要如何達到這個目標？日本銀行和全球其他中央銀行一樣，都透過影響經濟中的貨幣成本和可獲得性來達到目標，這個過程稱為貨幣政策——在一九九〇年代，實施貨幣政策的首選武器是利率。

因為中央銀行是其他銀行的銀行，處於重要地位，在需要一點額外資金時，可以制定給其他銀行的貸款條例；也可以設定其他銀行在中央銀行內存款的利息，如同商業銀行設定你的利率。中央銀行改變這些條款時，會從幾個管道對經濟的其他部分產生一系列連鎖反應，這些管道統稱為貨幣傳遞機能（Monetary Transmission Mechanism）。這些管道有點複雜，但是請忍耐一下，它們很重要。

第一，藉由變更向其他銀行收取和支付的利率，中央銀行誘導這些銀行改變向借款人收取與向儲戶支付的利率。運作方式有很多種，最直接的方式是可變利率抵押貸款（Tracker Mortgage），其利率隨著中央銀行制定的利率浮動，中央銀行利率的直接影響也較小。銀行競相提供最佳利率吸引顧客——當中央銀行改變利率時，銀行提供存款或貸款的成本或多或少會提高，這表示它們不是將任何成本變化轉嫁給顧客，就是會輸給願意這麼做的競爭對手，最終中央銀行的利率會傳遞到經濟中所有利率，例如信用卡、銀行存款、企業貸款及儲蓄帳戶。

這反過來會影響人們的經濟行為，利率會影響你決定現在就花錢，或是先存後花。假設你現在有一百英鎊，如果存起來，明天就會變成一百一十英鎊，差別不大，你或許會選擇現在花掉，或許不花。但是如果有人告訴你，今天不花錢，明天就能有兩百英鎊呢？你的決定會有什麼改變？雖然這是一個極端的例子，但這個個案研究顯示利率如何影響經濟。較高利率會增加你存錢的動機，減少花錢或投資的動機；所以當利率增加時，存錢的人變多，花錢的人變少，商業投資也變少，經濟便會趨緩；另一方面，低利率會減少存錢的動機，增加立刻花錢的動機，從而促進經濟成長。因為這項特有的創造性，經濟學家將這個過程命名為貨幣傳遞機能的利率管道。

第二，利率和經濟中的資產價值有關。這些資產可能是像股票等金融資產，或房屋等實物資產，利率下降時，這些資產價值往往會上升，意味著持有資產的人更富有了，此時這些人往往會外出消費增加的財富。一個主要的例子是，房價上漲時，人們會借更多錢，然後花掉。如此一來，低利率會導致財富增加，進行增加支出，促進經濟成長，這稱為貨幣傳遞機能的財富管道。

第三，還有經濟學家所說的所得效果。重要的是，依據你是存款人或借款人，會受到不同影響。如果你是借款人，低利率代表每個月繳納貸款的錢變少了，也代表你的口袋裡有更多錢；當你有更多錢時，便可能花更多錢，這也會促進經濟成長。另一方面，如果你是存款人，低利率代表每個月從儲蓄裡得到的錢變少，你的月收入其實下降了，你的回應可能是控制支出。

事實上，多數人既是存款人，也是借款人，我們既有銀行存款，也有貸款，所以個人的所得效果取決於那些因素的平衡。

整個經濟體中所得效果的強度，取決於存款人和借款人的平衡，以及兩個族群因應所得變化而改變支出的方式。如果存款人和借款人對收入變化都一樣敏感，兩者等量但反向的所得變化將達到平衡，所以整體支出不會改變。然而經濟證據表明，與存款人控制支出相比，借款人更有可能將新增所得的大部分用於支出，這表示因為利率降低帶來的所得效果，可能會促進經濟中的支出。

第四，銀行體系自有一組管道。利率降低時，銀行可用更便宜的價錢提供貸款，所以經濟體中借貸的金額往往會增加。首先，對貸款的需求增加，人們想借錢支付自己的支出和投資；同時，銀行更願意放貸，尤其是因為發放與維持貸款的成本降低，而且拜財富管道所賜，人們有更多有價值的資產作為擔保。如同上一章所討論，貸款的增加刺激貨幣供給，也刺激經濟活動，因為它允許人們消費和投資。這一切導致需求增加，從而導致通膨率提高。

最後一個傳遞管道，對於像是英國這樣的小型國際連結經濟體特別重要，就是匯率的影響。中央銀行降低利率時，往往會降低匯率，當英國利率下降時，英鎊也會貶值。如果英國利率上漲，但是美國利率不變，把錢從英鎊兌換成美元就可以獲得較好的報酬，因此資金跨境流動，更多人想買入美元，賣出英鎊。這種需求變化代表英鎊兌換美元的匯率改變，使得用英鎊購買美元變得更昂貴，進一步造成進口價格上漲，正如第六章討論的，會提高通膨。

你還在嗎？很好，但是還有最後一個複雜的問題。這些機制都需要時間才能在經濟體中發揮作用。貨幣政策制定者不是動動手指，通膨就會立刻上升或下降，有點像是神槍手瞄準移動靶，扣動扳機時瞄準的是靶子的前方，因為知道等子彈到達時，標靶已經往前移動。同樣地，當利率改變時，也需要一段時間才會看到結果，這表示政策制定者不斷試圖為他們想像的經濟發展方向制定政策，而不是以實際狀況做決定。

這些落後不容易理解，在不同時間和不同情況下，也可能有不同落後。但在大多數情況下，貨幣政策的影響需要六到二十四個月，才會看見周圍出現通膨。這麼做的重要後果是，如果因為已經發生的事造成今日通膨高漲，但是預計不會持續，中央銀行對此幾乎無能為力，如果為了因應今日的通膨而增加利率，等到利率發揮作用時，短暫的通膨已經結束，只會在不需要時讓經濟趨緩。

觸及利率下限的日本銀行

日本銀行的經濟學家非常了解這些過程，當通膨下跌時就降低利率。從一九九一年至一九九五年，將銀行向日本銀行借款的利息從八%降到〇．五%，降幅極大，也讓利率達到日本歷史上的最低點。然而這樣還不夠，物價還是持續趨緩，甚至下跌。日本銀行此時遭遇一個新問題，選擇的武器沒有彈藥了，已經觸及令人恐懼的「下限」：利率已經不能再低了。

在此之前，利率下降大多只是一個理論上的概念——一群穿著粗花呢絨外套的男人在黑暗房間裡討論，然後發表在幾乎無人閱讀的期刊上。這個理論認為，利率不能低於零，因為若是如此，每個人都只會將現金留在手上，現金基本上拿不到任何利息。[2]如果經濟體中其他利率很高時，這似乎是糟糕的選項，所以人們持有的現金往往較少。但是當利率下降時，現金似乎較有吸引力；理論提出，當利率降到零時，現金和其他形式的貨幣基本上是等價的；如果利率低於零，動機就會逆轉，每個人都想要持有現金。當你把錢全部從銀行裡取出，就能賺更多錢時，你會瘋狂借錢給別人。

可能有人會說：「真是胡說八道。」利率當然可以降到零以下。這已經發生了——在歐元區、瑞士，甚至某些英國政府的債務上。實際上，下限不是零，而是略低於零。這是否代表那個理論錯了？並不盡然，這只是因為真實世界比理論來得混亂。在真實世界中，持有現金是有成本的。你能想像如果自己是一家大公司，把年營收都換成五十英鎊的鈔票嗎？你得找一間倉庫和一群警衛看管，這一疊疊現金也可能無法滿足你的需求，它們更難在世界各地移動，難以送給要付款的對象，現金也可能無法做你需要它做的事。退休基金會負責長時間付錢給客戶，而給付金額會隨著利率變動，現金的價值則不會隨著利率變化而有相應的改變，對它們來說，現金不如政府債券有用，因為政府債券的價值變化更接近於它們對退休者的義務價值。

這些成本和缺陷代表你或許願意把錢放在銀行，或是轉為其他資產，即使利率為負，但代價是值得的。因此下限不為零——理論上，至少只能負一點點，但是一定有一個下限。經濟學家一直在討論負利率能到什麼程度，這可能會因為不同國家、不同時間而有所差別，取決於一國銀行體系的彈性，還有儲存現金的相對成本（那些倉庫和警衛要花多少錢等）。在某些經濟體中，可能會低於負一%。

但是在一九九〇年代的日本，對於負利率及其實用性，還有它對金融體系中其他部分可能產生的副作用，都存在一定的不確定性。有人擔心，即使利率可以是負的，也可能因為擠壓銀行業的利潤、傷害儲戶（日本有很多儲戶），而可能會破壞早已脆弱的銀行業。所以日本銀行採取另一種途徑，在西班牙犯罪影集讓這個想法變得誘人的數十年前，就開始印鈔票了。印鈔票的目的在於增加體系中的貨幣量，舒解經濟趨緩程度，因此被稱為量化寬鬆——不過有時被稱為「資產購買計畫」，或簡稱為「QE」。

QE究竟是如何運作的？可不只是印更多鈔票那麼簡單。相反地，中央銀行向經濟體裡的人或公司購買東西，通常是沒有什麼風險的資產，例如政府債券，基本上大多是政府債務，像是國家的借據。中央銀行偏好使用這種資產，因為不喜歡冒險，我們是謹慎的一群人。等到中央銀行要支付款項時，不使用已有的貨幣，只是在賣方的銀行帳戶裡增加一些現金，在餘額中加幾個零，商業銀行再依序將這些錢添加到賣方的帳戶裡。

如果中央銀行家可以自誇的話，這是一個巧妙的機制，賣方最終持有的債券變少，但是錢變多；商業銀行如今在中央銀行有一筆新的存款，但是相應也有一筆欠客戶的存款；中央銀行現在也有一筆和商業銀行存款相對應的債券。所以整體來說，貨幣是無中生有，不需要印鈔機。

在二〇〇〇年代中期，日本銀行大規模從事這種行為，這被視為非正統的舉動，與日本經濟的特殊性息息相關。因此雖然討論起來很有趣，但QE不是必要手段。有些經濟學家甚至估計，世界每五十年只有一次需要將利率降至底線，並且需要啟動備用政策——QE。[3]

量化寬鬆的潛在問題

事實並非如此，時間快轉到二〇〇八年，對任何曾研究日本的人來說，此時全球經濟局勢可能令人感到熟悉的不安，金融業比人們預期得更脆弱，而房價崩跌透過金融業傳遞到經濟體的其他領域，全球中央銀行紛紛降息，並發現利率已達下限。面對經濟衝擊，用盡利率這個主要武器的不只有日本銀行。

一九八〇年代至一九九〇年代的學院派經濟學家，班・柏南克（Ben Bernanke）曾研究美國大蕭條的原因，以及如果經濟模型更現實地納入金融體系，可以對經濟模型做出哪些改進，也研究日本經濟和QE計畫。柏南克饒有興致地觀察日本的情況，並寫下數篇論文和演講。但是到了二〇〇七年，當全球危機迫在眉睫的第一個跡象開始顯現後，柏南克相對較早投入新的工作：美國中央銀行聯準會主席。

危機爆發時，以柏南克對過去的了解，提倡聯準會大致上應遵循日本的方式，但是改善部分細節。[4]二〇〇八年，聯準會開始用新創造的貨幣向經濟體購買金融資產，先是抵押貸款，後來是政府債券。世界上其他中央銀行也這麼做，全球都在QE。

雖然柏南克是QE的支持者，但也體認到這個方法還有一些懸而未決的問題。他有一次說出一個著名的，或許是經濟學家最接近笑話的事：「QE的問題是，它實際運作得很順利，但是理論上不行。」[5]這不是對QE本身的批評，而是一種體認，經濟學家發現QE在降低利率和提振通膨方面的確有效，雖然我們尚未完全理解其中原因。

以嚴格謹慎度更勝經濟學的科學對手——醫學界相比，曾接受手術的人都可能被全身麻醉，醫生會讓你進入深層睡眠，讓你忘記肢體被鋸下或內臟被撥弄的事實。然而直到最近，科學家仍然無法完全理解全身麻醉的原理，他們知道麻醉有用，在數據或測試中都能看到，可以調校到最精準的劑量，但並不確定其中機制。[6]那代表遇到緊急醫療情況時，你要拒絕使用麻醉嗎？我想不是。

經濟學家發現，QE也是一樣的情況。顯然我們已發展出增加貨幣供給如何推動通膨的理論，在本書已經討論這一點。然而，日本銀行面對的問題卻不一樣：當時主流理論認為，當利率低到不能再低時，人們就不想要更多的錢，他們已經擁有需要的錢，如果你給他們更多，他們只會把錢存起來，不會花掉。而且因為利率為零，如果你用新印製的鈔票換成政府債券（也是無息），不會發現兩張紙有什麼區別，也不會改變任何行為，這種情況稱為流動性陷阱（Liquidity Trap）。

那麼如果當時的主流理論認為，在需要QE時不會發揮太大作用，為什麼經濟學家仍然求助於它？答案是：以新的視角重新審視主要理論，並審視在二〇〇七年至二〇〇八年金融危機前已經過時的理論。

有時候只需要一個承諾就能扭轉局勢

在一九九〇年代與二〇〇〇年代盛行的標準經濟模型中，也就是所謂的新凱因斯模型（New Keynesian Model），如果QE有效，只是因為它有助於塑造人們對經濟和利率的未來抱持什麼期待。期待是一股強大的力量：你想像未來會發生的事，將影響你今日的決定。尤其是當一家銀行在考慮三十年貸款利率時，會考慮中央銀行今日、明日及接下來三十年可能會採取什麼利率，因此會以對那些短期利率的期望，設定銀行收取的利息，所以對未來短期利率的期待會決定今日長期借款的利率。正如在第六章討論的，有點像是對通膨的期待會影響真正的通膨率。

在新凱因斯模型中，這種對利率的預期實際上是最重要的。哥倫比亞大學（Columbia University）經濟學家麥可・伍德福特（Michael Woodford）在一系列極具影響力的論文裡，曾提出保持長期低利率的最佳方法，就是做出可信的承諾：中央銀行將在比人們預期更長的時間裡保持低利率，這個承諾被稱為「前瞻指引」（Forward Guidance）。在伍德福特理論的最初版本中，不需要QE維持經濟運作，只需要一個強而有力的承諾，就是利率會長時間維持在低點。

在後來的論文裡，伍德福特開始有點接受QE，但這只是因為他認為QE向經濟傳遞利率將會發生什麼狀況的訊號：QE向經濟發出訊號，中央銀行正承擔大量債務，它的價值和利率有關。如果中央銀行比承諾的更快提高利率，將遭受巨大損失。政策制定者不喜歡賠錢，所以QE成為另一種方法，中央銀行可藉此向廣大世界宣布將保持低利率。在新凱因斯學派的分析裡，未來利率的訊息一直是關鍵。

這一切都很合理，直到它與經濟現實發生衝突。在二〇〇〇年代晚期的動盪後，經濟學家了解新凱因斯學派的分析，奠基於一些對金融市場效率和理解的強大假設，他們轉而尋找一個獨立的理論體系，這個體系在金融危機前一直被忽略，但能對QE之所以有效的理由提供不同解釋。

伍德福特論點的關鍵在於，貨幣和債券幾乎是同一種東西，尤其是在零利率的情況下，只是不同類型的金融資產，都可以滿足同樣的角色。但是如果債券和貨幣有著本質上的不同呢？在二十世紀中，經濟學家詹姆士．托賓（James Tobin）和其他學者曾想像一個世界，人們視資產為「不完全替代品」（Imperfect Substitutes）——關鍵是他們持有資產的理由不只是可以收到利息。托賓的架構做出一個結論，東西的交換有巨大影響，在QE案例中即是貨幣交換債券。

如果你不認為債券和貨幣一樣，接著有人在交換這兩樣東西時，會留下比你想要更多的錢、更少的債券，你也很可能會將多餘的錢流通給其他人。當你試圖轉移部分新增的資金時，物價被迫上漲，中央銀行家又回到通膨目標的軌道上。

在二〇〇七年至二〇〇八年金融危機爆發後，人們終於恍然大悟，托賓在許多方面都是對的，新凱因斯模型不如想像中完美。今日大多數經濟學家認為，QE是透過多種力量的結合來運作。沒錯，訊號是其一，還有重新平衡人們持有的債券與貨幣數量，也就是投資組合再平衡（Portfolio Rebalancing），這很有效，它導致利率降低，刺激支出和投資，同時也提高通膨率。自二〇〇八年起，中央銀行可以使用QE，帶領全球經濟走過崩盤後的經濟困境。

藉由利率設定達成控制通膨目標

上述可能會讓你認為我們的問題：不能多印一點鈔票嗎？有一個簡單的答案：是的，我們可以，畢竟QE顯然在經濟陷入困境時，能帶來有利影響。

但這是有限度的，你不能無限期地增加貨幣供給。要了解原因，需要再次跨越時空，這次要回到一九八〇年代的紐西蘭。

早在彼得．傑克森（Peter Jackson）拍攝電影《魔戒》，將這個國家變成全球的觀光勝地前，紐西蘭是位於地球最南方、人口分散、經常被低估的小國。它一直被人遺忘，直到一九八九年為止。紐西蘭成為動盪的震央，但是這場動盪和該年襲擊紐西蘭的各種地震毫無關係，餘震影響全球經濟，儘管絕大多數人可能還不知道究竟發生什麼事。就是獨立於政府的中央銀行成立，並且在法律中規定一個明確的目標——讓通膨維持在一定程度。雖然這在當時看來並不重要，但是在二十年內已經證明這個模型非常成功，幾乎被世界上所有先進經濟體仿效。

在一九六〇年代和一九七〇年代，紐西蘭與世界上大多數地方一樣，都受高通膨所苦，一九七〇年代的大多數時間，紐西蘭的通膨率都高達兩位數。問題的一大部分在於，利率是由政客決定，而非中央銀行獨立決定，這意味著當政客表示想要維持低通膨，在必須採取措施，提高利率以實現這個目標時，又會猶豫或改變主意，因為他們知道這不受歡迎，畢竟高利率會拖慢經濟，因而影響選票。人們看清這一點，預期通膨會比政客說得還高。如同在第六章討論的，這些預期意味著通膨最終會變得更高。

當時一些最優秀的經濟學家想要解決這個問題，並命名為通貨膨脹偏誤（Inflation Bias）。美國經濟學家暨西洋棋大師肯尼斯・羅格夫(Kenneth Rogoff)提出一個解決方法：把政客的決策權交給中央銀行家，他們知道自己必須為通膨程度設定明確的目標。

這個想法在一九八〇年代獲得支持，但是直到紐西蘭採取行動，才在實踐中得到適當的檢驗。結果令人印象深刻，而且幾乎立竿見影，在幾年內，通膨已降至目標值，變得更加穩定且可預測。

紐西蘭首開先例，其他國家緊隨其後。英國在一九九七年選舉後一週，即將上台的工黨政府賦予英格蘭銀行營運獨立性——其職權為保持穩定的低通膨。[7]為了達到這個目標，組成新的決策委員會——貨幣政策委員會（Monetary Policy Committee），完全由他們控制如何達到通膨目標，還有如何設定利率以達成目標。

如果銀行沒有達到這個目標，通膨還是太高或太低，依舊要向國會負責。但是政客無法再干涉達成目標的過程，這與以前的情況大相逕庭。前英格蘭銀行首席經濟學家霍爾丹曾表示，在英格蘭銀行獨立前，利率變動最好的指標是「柴契爾夫人（當時的首相）最近是否面對糟糕的補選結果」。[8]

由中央銀行獨立處理通膨的成功顯而易見，一九七〇年代至一九八〇年代的全球通膨率平均超過一〇%，在一九九〇年代降至五%，在二〇〇〇年代為三%，而在二〇一〇年代僅有二%。[9]

這對印鈔問題有什麼意義？越大的權力伴隨著越大的責任，中央銀行獨立性的另一面是，既要保護貨幣的價值，同時保持穩定的低通膨。這代表儘管中央銀行可以設定利率，或是在QE的情況下可以製造新貨幣，但它們的行為不能全無限制。

如果通膨看來可能低於應有比率，增加貨幣數量是合理的：代表更多的QE。這會導致通膨再次提高，讓經濟回到目標。一旦這個舉動開始，將通膨推升得太高，製造更多貨幣就會成為問題，並且如同在第六章討論的，這會讓眾人付出代價——他們的購買力減少，做生意的成本也會增加。

一切都表示，中央銀行可以在一定程度上印製更多的鈔票，但是並非永無止盡，以免經濟陷入另一個令人不安的物價高漲時代，我們也無法達成通膨目標。貨幣的增加必須恰到好處，英格蘭銀行每天都在處理這些決策，並且政府沒有直接參與這些決策。

但是這不表示部會首長在引導和穩定經濟方面毫無作用，我們可以再次回到一九九〇年代的日本，理解政府在經濟管理中的角色。

蚊子館反而能對經濟產生的有益影響

日文箱物（はこもの）的意思近似於「華而不實」，這個詞彙在一九九〇年代和二〇〇〇年代早期越來越普遍，日本政府花費巨資，試圖刺激經濟脫離衰退。他們的努力主要集中在興建大型基礎建設，在一九九一年至二〇〇八年間，日本政府在建築相關的公共投資花費近六兆三千億美元，興建水壩、道路，還有一座著名的橋梁，連接大島沖繩島與不到四百人的小島古宇利島，費用超過兩億五千萬美元；另一個計畫則是名古屋的美術館，因為建築時花費太多錢，最後沒有餘錢可以購買藝術品。

儘管現在的傳統觀點是不讓政客決定貨幣政策，但政府仍對這些計畫保有控制權，保持徵稅和支出的權力，也就是財政政策。大型政府支出計畫可以對經濟產生有益影響，即使在當時被貼上蚊子館工程的標籤。

事實上，甚至有當代最重要的經濟學家支持興建古宇利大橋。凱因斯曾說，政府花錢僱人把錢埋到洞裡，挖洞，再填洞，也比讓人們失業來得好。

怎麼會這樣呢？為了理解答案，我們必須先了解政府為什麼要花錢？國家的支出有幾種理由，可能想要補貼因為外部性而生產不足的良性活動，例如補助進修教育；或是想要投資受益於規模經濟的大型基礎建設，如果沒有這項投資可能就無法建設，例如道路或海底隧道；或是想要重新分配經濟中的財富，以解決社會不平等的問題。

不過也可能是為了在需要時，利用支出來提振經濟，也就是財政刺激。當政府花錢時，是向經濟體中的其他人購買東西，如同我們之中的任何人。政府可以為警察購買制服、為護士購買醫療設備，或是為公車購買新車輪，也可能是購買橋梁用的混凝土和鋼鐵，以及支付建造橋梁的工人薪資。這些錢增加經濟產出，也就是第四章中GDP公式裡的G。所以如果支出趨緩，成長或通膨變得疲軟時，政府支出可以為經濟體提供需要的支撐。

最後一種說法並非毫無爭議，使用財務政策積極刺激經濟的需求性和效果，存在很大的不確定性。傳統上，財務政策常常被認為「太慢又太政治化」，[10]因為執行上的限制，速度也可能太慢。舉例來說，提出新的大型基礎建設計畫需要時間：你需要設計、規劃新學校建立的地點和方式，才能真正實行。

從政治角度來看，財務政策的使用可能會遇到和貨幣政策相同的問題——政客受到刺激，總是在今天增加支出，並承諾在日後買單。最終，這可能會危及公債的長期可維持性。

即使可以克服這些挑戰，政府能帶來多少刺激，仍是激烈爭論的話題。爭論的中心圍繞著一個概念，就是財政乘數（Fiscal Multiplier）。凱因斯對經濟思想的最大貢獻之一，是假設政府支出對經濟的影響可能遠遠大於金錢支出，尤其是在經濟不景氣時。

想想那些挖洞的人，他們挖洞的行為將直接歸為經濟活動，儘管這個活動沒有什麼生產力，但他們不會自己留著錢，現在口袋裡有更多錢，就會花更多錢，尤其是急需錢來購買必需品的話。他們的消費增加經濟體中其他部分的經濟活動，提升人們對商品和服務的需求。假設他們為家人多買了一條麵包，麵包師傅收到錢後，可能會花更多錢，如此循環往復，每個階段的經濟活動都會增加，所有活動的總和會比政府最初的支出帶來更大的推動作用。

在這種世界觀下，政府支出被乘上數倍，因此稱為「乘數」。凱因斯的理論在一九三〇年代和一九四〇年代變得越來越重要，對小羅斯福總統在大蕭條的新政（New Deal）產生至關重要的影響，該政策包括大規模增加國家支出。凱因斯政策的擁護者認為，政府支出的乘數通常大於一，這表示收穫將大於投入，例如每花一英鎊，經濟就會成長一．五英鎊。

但批評者辯稱，情況並非總是如此，或許最終你投入的金錢不如對經濟提振的價值。他們認為，花費一英鎊只能帶來九十便士的成長，甚至更少。這是出於幾個理由。第一個理由是，這取決於遊戲中的另一個政策制定者——貨幣政策。如果政府花錢刺激經濟，其中一個結果很可能是通膨。中央銀行認為通膨即將上升時會怎麼做？會提高利率，讓經濟降溫，高利率阻礙人們花錢與公司投資，因此抵消政府正在進行的新支出。

收支平衡是政府穩定經濟的關鍵

第二個理由和金錢的實際來源有關。政府需要從某個地方得到即將花費的錢，而某個地方最終都來自納稅人。馬上會討論到，稅收意味著納稅人可以花的錢變少（稅務員辛苦了），我們支出降低的程度或許會大於政府的新支出，因而抑制財政乘數。

這引導出第三個理由：李嘉圖等值定理（Ricardian Equivalence Theorem），這個概念是以十九世紀經濟學者李嘉圖為名，第五章曾討論他。這個理由指出，當政府支出增加時，人們知道最終將不得不用更高的賦稅為支出買單，所以今日就會控制自己的支出，為可能的事件做好準備，完全抵消政府試圖創造的刺激。

一切都還存在爭議，尤其是李嘉圖等值定理的概念。多數經濟學家現在認為，李嘉圖的理論在現實世界中不成立有幾個原因。首先，繳稅的人和接受政府支出的人是不同的。另外，只有少數人在做支出決策時，會考慮到二十年後的政府稅收。同時，人們的行為往往被視為不太符合經濟理性——這是李嘉圖等值定理的必要條件，你會開始看到它如何被打破。

這些和財政乘數相關的論點與反論，都讓它成為經濟學中最具爭議的觀點之一。如果你和一群經濟學家共進晚餐時，想玩一個有趣的遊戲，問問他們財政乘數的價值是什麼，然後就能好好坐著，一邊享用點心，一邊看他們辯論。[11]估計值範圍從低於一到二以上都有可能，這個數值代表每花一英鎊能帶來多少幾倍的經濟效益。

然而多數經濟學家同意的是，乘數值取決於政府支出的確切性質、支付方式，以及當時發生的其他事情。在利率和通膨率都非常低時（如一九九〇年代的日本），財政乘數可能很高：貨幣政策制定者實際上會很高興得到一點提高通膨的幫助，所以不會提高利率來抵銷財政刺激。凱因斯認為，在眾人都不想要支出時，財政支出能成為非常有用的經濟刺激方式——政府運用人們選擇不支出的錢，讓它在經濟中流動。因此在流動性匱乏的日本，那些不符需求的橋梁或許不像聽起來那麼愚蠢。

當然，錢花在什麼地方也很重要。一般來說，比起把錢花在日常瑣事或其實很少人想要的橋梁，花在大型基礎建設計畫可以更有效提振經濟成長，或者也會比叫人挖洞又填洞來得有效。

然而，支出並不是政府唯一能使用的財政工具，另一項工具是賦稅。我們在某些時候都要繳稅：無論是買衣服時的加值稅，或是每個月從薪資裡消失的所得稅。除了借款外，稅收是政府金庫收入的兩大方法之一，這也不是新鮮事，還記得第七章曾討論的古代美索不達米亞石板嗎？上面就有納稅紀錄。或許班傑明．富蘭克林（Benjamin Franklin）的名言：世界上唯有死亡和納稅是確定的。這句話比你想像得還要精闢。

和支出一樣，政府用各種理由徵稅，從修復外部性到為大型計畫募集資金。如同支出，可以重新分配社會中的各個群體：有些是「累進稅」，意即它們會不成比例地落在富人身上；有些則是「累退稅」，意即它們會不成比例地落在窮人身上。不過，稅收也可以被政府用來提振或減緩經濟。

就經濟而言，稅收和政府支出的作用方式相反，支出會刺激需求與經濟活動，稅收則會減少，因為稅收是拿走人們口袋和薪資裡的錢，讓他們無法用來購買其他東西。同時，減稅會讓錢回到人們的口袋，因為可以增加需求。理論上，這會產生和增加政府支出相似的乘數效應（Multiplier Effect）——你讓花的錢變多了。正如同政府支出乘數，經濟學家對這些乘數的大小也存在激烈爭論。

這一切意味著，支出和稅收的平衡是政府穩定經濟的關鍵。在某些情況下，政府要做的其實不多。政府政策的設計是為了在發展趨緩時能自動提振，發展太快時會自動剎車。當經濟體表現不佳時，政府在福利等方面的支出就會增加，失業的人越多，代表自動支出在福利金的金額也越大。同時，人們收入減少、支出減少，所以各方面的稅收也會自動下降，在經濟需要時，這幾乎勢必提振經濟。相反地，當經濟繁榮時，政府不用做什麼，就會發現福利支出減少，因為有工作的人變多了，人們收入和支出增加時，稅收也會增加。

這相當於打破為經濟提供的財政刺激，一切都可以自動發生，不需要政府官員修改任何立法，或是宣布任何政策，這種機制通常稱為經濟的「自動穩定因子」（Automatic Stabilizer）。

國家債務違約的隱憂

這引導出一個問題：政府能否無限期地減稅和增加支出，從而永遠提振經濟？答案或許很明顯，就是不能。政府不像中央銀行，不能自己印錢：這是獨立中央銀行的重點。因此每當有人提出財政政策的第一個重大問題——如何才能最有效地刺激經濟？都會無法避免地導向第二個問題——我們如何為此買單？

當政府支出超過稅收時，差額必須透過借貸填補，政府為此發行債券，也就是先前曾討論政府批准的借據。它們通常會被大型金融機構收購，這些機構需要將資金相對長時間地放在一個安全的地方，例如為你的退休生活提供資金的退休基金，或是在數十年後支付你人壽保險的保險公司。

如果政府沒有償還這些債務，將會導致一場災難。這種事確實曾經發生，二〇〇一年十二月二十六日，阿根廷政府送出遲來又令人不悅的聖誕節禮物，經過三年的衰退後，國家領導人了解國家無法償還拖欠的債務，金額超過九百五十億美元，阿根廷政府沒有全額償還欠款，只償還每筆借款的三成。在撰寫本書時，這起違約案的訴訟案件還在進行。

這不是阿根廷第一次出現債務違約，也不會是最後一次。可悲的是，在阿根廷的歷史上，違約紀錄比比皆是。這樣的不可靠意味著，那些貸款給阿根廷的人想要更多補償，才能讓風險值回票價。因此與其他較低水準的經濟體相比（許多國家的利率趨近於零），阿根廷政府債券利率將近五〇%，造成該國更難借款，進而無法提供資金給那些作為國家經濟主要彈藥的有用計畫。

阿根廷不是唯一一個債務違約的國家，然而一般來說，多數政府都有能力償還債務，因此借貸成本在經濟體中是最低的。不過政府可以承受多少債務，仍是爭論激烈的問題。是否可以接受政府持續存在赤字，經濟學家對此仍存在分歧。當稅收低於支出時，赤字（Deficit）是兩者之間的差額〔相反地，當稅收多於支出時，則稱為盈餘（Surplus）〕。

一個常見的類比是，如同每個家庭，在某些時候必須勒緊褲帶，償還積欠的債務，但是用家庭比擬並不恰當。首先，政府不會消亡（不過特定的政府會），可以在比你我壽命更長的時間內繼續借貸，如果幸運的話，我們的壽命最終大約是八十多年。更重要的是，假設政府決定興建一條新高速公路，興建成本是十億英鎊，但是認為長遠看來，能為經濟帶來二十億英鎊，政府就會借錢鋪路。等到要償還貸款時，納稅的經濟體也更大了，因此高速公路自己還了錢。即使債務金額上升，債務相對於經濟規模的比例卻下降。

與此同時，隨著經濟規模逐漸擴大，債務相對於經濟的比例自然會下降，前提是新增債務率低於經濟成長率。想像你的經濟成長率每年是二%，利率為一%，這意味著你最多可以借入相當於經濟規模一%的資金，而債務與GDP的比例仍會下降。事實上，如果試圖償還債務，代表你必須增稅或減少支出，以致於會減緩經濟成長，那麼試圖清償債務的行為就會弄巧成拙。如果經濟成長率減緩至零，債務就會成為更大的問題。

這種變化在二〇一〇年代的希臘經濟中非常明顯。歐盟中有許多國家發現難以償還債務利息，這經常是由於在上次金融危機中，花費太多錢救助破產銀行和支撐經濟。這個問題在希臘特別突出，該國政府當時施行撙節政策，削減政府支出，並提高稅收，目的原是為了減少債務，但卻造成經濟成長減緩，可持續支付債務的稅基也減少了。國際貨幣基金組織執行董事克里斯蒂娜・拉加德（Christine Lagarde）後來坦承，該機構在倡導這些政策時錯估財政乘數，假設乘數小於一，但實際上卻接近一・七，所以國際貨幣基金組織向希臘政府施壓，要求政府不適當地削減政府支出。[12]正如乘數大於一時，財政刺激可能會產生正面影響，在相同情況下，撙節政策也可能造成負面影響。

現在即使最尖銳的凱因斯主義經濟學家也會承認，在某種程度上，如果借款高到人民質疑你的還款能力，就可能會遇到問題。如果你得到像阿根廷那樣的名聲，借款成本就會增加，而無論現在或未來的納稅人都將首當其衝地受到影響。政府債券的高利率也可能成為問題。

不過大多數富裕的經濟體顯示，債務要非常高才會引發問題，經常是在債務已等同於經濟規模時，才成為大眾討論的焦點。然而以長遠的角度來看，在過去一百年內，英國政府也曾發生債務等於GDP，或超過GDP近一．五倍的狀況，卻通常不會對其支付能力產生嚴重擔憂。

如果中央銀行無限制印鈔……

在《紙房子》的高潮場景中，教授為闖入西班牙皇家鑄幣廠的經濟利益提供理論基礎。在被一直追捕的警官逼入絕境後，他為警官講授一堂經濟史速成課程，「在二〇一一年，歐洲中央銀行憑空生出一千七百一十億歐元。」他說：「和我們做的事一樣，只是金額更大。」

警官面露懷疑，但是教授堅定不移地告訴她：「他們說這是為市場『注入流動性』，我也在提供流動性，但不是為了銀行，而是為了實體經濟。」

教授說得有道理嗎？整體來說，本書不支持搶劫銀行。然而透過不同的管道，印鈔可以支持經濟活動，教授說對了這一點。在通膨看似過低時，這麼做也能達到提升效果。事實上，這是近年來中央銀行保持經濟穩定的其中一種方法（其他方法包括運用稅收和支出的權力），尤其是在發現自己常用的工具（如設定利率），已經達到極限時。

不過還是有限制，如果中央銀行沒有限制地印鈔，可能會導致通膨過高，物價以令人不安的速度快速上漲，並以過快速度侵蝕新鈔的價值，這可能造成生活更糟，而不是更好。這就是有別於《紙房子》中迷人的西班牙銀行搶匪，英格蘭銀行印鈔具有非常清楚目標的原因，目標即是由民選立法者為中央銀行設定的通膨目標，也代表在未來印鈔不太可能失控。

結語

你也可以是個經濟學家

在二〇一九年七月的一個溫暖夜晚，夏琳・梅因斯（Charlene Maines）站在南安普敦（Southampton）社區中心中央禮堂大門外的隊伍裡。[1]如果是平常的工作日，這棟大樓的會議室將舉辦一場婦女會（Women's Institute）會議、一場瑜伽集會，或許還有一場喜劇表演。但在這個星期二，聚集在這裡的人是一群中央銀行家，夏琳也在賓客名單上，即使她不清楚原因。

中央禮堂正舉辦英格蘭銀行的公民座談小組（Citizens' Panel），這種座談小組在英國各地舉辦，讓大眾能見見英格蘭銀行的政策制定者，並討論他們對經濟的體驗。在南安普敦的那個夜晚，參與者大約二十五位，他們並不知道這一次陣容的主角不是別人，而是當時的銀行行長卡尼。三十七歲的梅因斯是慈善工作者兼護工，她更多是出於好奇而參與，在工作的地方看到那則座談小組的廣告，但是臨近六點的開始時間，她開始後悔了。梅因斯出生於利物浦，距離銀行宏偉的大門約兩百英里（約三百二十二公里），她覺得國家的經濟政策制定者存在另一個世界，對晚上可能發生的事感到緊張。

問題在於經濟學家本身，梅因斯後來表示，她以為他們「傲慢、時髦又無聊」。在活動中，她甚至用「時髦」的方式說話，好融入其中，她對經濟學這門學科的了解也好不到哪裡，認為經濟學滿是複雜到難以理解的概念，政策制定者說的都是令人困惑的技術語言和難以理解的模型。經濟學令人困惑的本質，甚至阻止梅因斯在二〇一六年英國脫歐公投中投票：她覺得自己的理解不足以做出明智決定。

但在座談小組開始幾分鐘後，梅因斯對經濟學的印象開始改觀。她意識到不必做出裝模作樣的口音，她和經濟學家的共通點比自己想像得還多，結果梅因斯和前行長支持的足球隊都是艾佛頓隊（Everton）。同時事實證明，經濟學比她被引導相信的來得簡單。雖然用語複雜，但這門學科描述的都是她在日常生活中遇到的事，說實話，她一直都理解經濟學，只是和那些經濟學家使用不同的術語。每次她去購物、付房租或應徵新工作時，都在使用經濟學。

離開座談小組後，梅因斯想方設法增加對經濟學的理解，開始在網路上閱讀經濟學，並加入成人夜校。這是改變人生的舉動。兩年後，梅因斯經營一家專門為協助人們脫離長期失業而設立的慈善機構，因為她也曾經歷長期失業，所以受到啟發，認為對經濟學的理解越來越多，可以幫助她找到工作，也能幫助別人找到工作。梅因斯對經濟學的熱愛，也讓她對政治產生更大的興趣，現在她是一個政黨地方分部的主席，正在選區競選議員。梅因斯經常和朋友說，經濟政策如何影響對她、她的家人和當地社區重要的事。

梅因斯的經歷很平常，她不是唯一一個不喜歡經濟學家的人。一份英國最令人信任的職業調查中，經濟學家排名倒數第二，墊底的是政治家。[2]她也不是唯一一個不相信經濟學如果做得好，就有可能改善生活品質的人。二〇一九年，有將近一半的人想要增進對經濟學的理解，[3]問題是其中有太多人不知道要從何開始。

你的一舉一動都能用經濟學解釋

討論這麼多，我們希望你已經踏上和梅因斯相似的旅程，你或許同意她的觀點，經濟學並不像看起來那麼難懂。雖然用學術理論的語言來解釋經濟學很容易，但是經濟學也可以用日常生活中的經驗來解釋。

我們的旅程始於經濟學最基本的原則：供給和需求。經濟學家用一種公認的簡單方式來理解人類行為：假設我們所做的選擇，都會直接或間接地受到將「效用」最大化的欲望支配。梅因斯可能會表示，這種見解聽來抽象，但是實際上絕非如此。每次你決定要不要花錢度假時，都在潛在地權衡取捨效用：權衡取捨你將花費的金錢，以及它能帶來的快樂。市場不過是數百萬次權衡取捨的累積效應，並波及到整個社會。

正如在第二章討論的，這些市場非常擅長讓我們得到自己需要的東西，直到它們不再如此為止。因為市場也可能失靈，某些人可能因此受益，但是會為社會帶來更壞的結果，這種影響不只出現在全球層面，例如氣候變遷，也會出現在你的日常生活。下次你去暢飲啤酒時，可以想想市場失靈的含義，如果你買了一大罐飲料，例如一罐皮姆(Pimm's)調酒，你喝到的酒可能會比單獨買一杯給自己更少。這一大罐酒作為公共財，應該由你和所有朋友分享，但是基於同樣的理由，每個人也傾向比平時喝得更快。在那一輪皮姆調酒回合中，公有地悲劇幾乎是無法避免的，餐桌上有些人就是喝不到。

在談論市場失靈後，我們轉向勞動市場。為什麼有些人的薪資比其他人高？為什麼建立一個每個人都有工作的經濟體會如此困難？答案在於供給和需求的相互作用，這決定工作職缺的數量。但是勞動市場的效率低下，無論我們再怎麼努力，求職過程中固有的「摩擦力」，代表總是會有人失業。這個原則不僅適用於求職者，也可以應用到約會中。即使世界上到處都是尋覓愛情的合適單身者，仍會有單身的人，因為和工作一樣，找到愛情的另一半很難。你一週可能有五個晚上會到酒吧，但是仍然遇不到真命天子，因為他們可能去了馬路另一頭的酒吧。交友軟體幫助我們快速辨認誰是單身——改善經濟學家所稱的「匹配效率」，但依舊無法完全消除愛情「市場」中的摩擦。

第四章討論的是經濟成長。我們比五百年前的祖先更富裕到幾乎無法想像，那是因為經濟規模越來越大——經濟體內的人共享的東西越來越多。如果這聽起來是一個超然的概念，事情絕非如此。事實上，你可以像發展經濟一樣發展自己的產出：透過土地、勞動力、資本和技術的相互作用。例如，你想買一台新的筆記型電腦，只要升級到續航力更持久的筆記型電腦，就能讓自己更有生產力，尋找充電器的時間也會變少，或許你可以拿著筆記型電腦到花園工作，在那裡可以更放鬆，並完成更多工作。在結合勞動力和更好的資本後，你能完成更多工作——增加你的個人經濟產出。

第五章探討為何你的衣服都是國外製造。這是因為比較利益：當我們都專注於自己擅長的事情時，對每個人都有好處。每次聚餐時，這個原則都會影響你，例如你和朋友都被要求提供不同的點心，你對提拉米蘇與烤布蕾猶豫不決，朋友是好廚師，甚至去上了夜校，在製作點心上有「絕對利益」，你很樂意讓她做兩道點心，不過你必須做出一些貢獻，而且她沒有時間做兩道點心。所以你要怎麼選擇做什麼點心呢？你記得她在那些課程的專長是做法式點心，所以她的烤布蕾會做得比提拉米蘇好，那是她的比較利益，因此你選擇做提拉米蘇，大家都贏了。

或許你為了做提拉米蘇買奶油和咖啡時，注意到它們比你預期得貴一些，當然也比你上一次做這道點心時來得貴，這是因為通膨：商品和服務價格上漲的趨勢。通膨與我們所有的日常經濟決策相互交織，例如在二〇二〇年初，衛生紙的短缺造成通膨壓力，由於擔心在疫情時短缺，人們囤積衛生紙，導致需求激增，這是在第六章中討論需求推動型通膨的極端案例。

金錢是一切的根本

然而實際上如果沒有錢，這些經濟個案都沒有任何意義。錢讓我們可以買賣和交換物品，但錢到底是什麼？如同第七章討論的，它只是一套信任系統。有點像是朋友到商店忘了帶信用卡，你借錢給他們一樣，你通常不會讓朋友簽立借據保證會還錢（至少在你這麼做時，朋友會奇怪地看著你），你只是相信他們會還錢。本質上，這就是金錢的全部。就像一張二十英鎊紙鈔，你相信朋友會還錢，也是另一種金錢。只要你像相信中央銀行一樣地相信朋友，而且其他人也這麼做時，它就可以像一張二十英鎊紙鈔一樣有效。

當然，人們並非總是信任銀行，但第八章希望能說服你將錢存在銀行，而不是藏在床墊，人們有時候會忽略這個建議，忽略的結果可能是銀行擠兌。當銀行陷入困境時，中央銀行有時會伸出援手，但不是每次都如此：我們不希望其他銀行認為無論搞砸多少事，中央銀行總是會提供幫助。在這方面，中央銀行做出權衡取捨，就如同數百萬人每天都會做的權衡取捨。回想你在學校的時光，十幾歲時，你早上可能經常搭公車上學，但是父母在家時，可能更傾向不斷按下貪睡鈕，這是因為你知道如果錯過公車，父母會開車載你上學，所以就沒有動機提早起床，這是早晨生活中的道德風險。

問題是小學生和我們其他人一樣，不一定善於評估自己的行為會有什麼連鎖反應，無論是對父母或對納稅人的影響。第九章告訴你，為何多數經濟學家未能預見二〇〇七年至二〇〇八年金融危機。為經濟學家說句公道話，預測危機發生的時間很困難，人們不一定會照我們的想像行事：他們是不理性的。我們傾向假設人是理性的，這一點和人們實際行為之間的衝突，定義我們的生活。下次看到新餐廳外的排隊人龍，請記住這一點，問問自己：人們排隊是因為食物真的好吃，或是因為排隊行為本身讓人覺得食物好吃，所以值得花費數個小時等待？隊伍裡有些人或許只是因為其他人排隊而排隊，這是一種從眾行為。你最好到隔壁的餐廳，那裡馬上會有位置，而且食物可能更好吃（也更便宜）。

最後，經濟學家的角色不只是描述經濟，還試圖管理經濟。政府和中央銀行會採取不同手段，讓經濟平穩運作，例如增加公共支出，以刺激疲軟的經濟；調整利率；以及有時會製造更多的貨幣。很難看出這些決定對你會有什麼影響，但是的確有影響。英格蘭銀行貨幣政策委員會每次決定利率時，都會影響你下次度假時的匯率、你抵押貸款的還款價格，或者你是否應該多存一點錢，還是現在就花掉。

期待你能更主動深入了解經濟學

所以梅因斯是對的，經濟很重要，你是否習慣經濟學的形式語言也很重要。事實上，你可能一輩子都像經濟學家一樣思考，只是或許自己並不知道。

但經濟學家不只幫助你理解這個世界，還能幫助你改變世界。每次你選擇要不要買某樣東西，都是向賣家與製造企業發出訊號，說明你是否喜歡對方提供的東西。購買一杯咖啡、一包Freddo或是一個豆豆娃，都可以影響它們市場的運作方式。經濟學還讓你用更直接的方式改變世界，幫助你更有說服力地爭取加薪、更有效地因應氣候變遷，甚至更積極地參與民主。

你越了解經濟學，就會越了解身處的社會。我們開始撰寫本書，是因為太多人不理解經濟學，就像梅因斯在南安普敦座談小組上發現的。研究顯示，英國大眾對這門學科的了解甚少，人們覺得經濟學「遙不可及」、「令人困惑」、「複雜」、「難以理解」，這些形容詞還有很多。[4]二〇一七年五月，在英國大選前一份特別令人震驚的民意調查發現，超過半數的英國民眾不相信自己了解投出的選票，會對經濟有什麼影響。[5]

缺乏對經濟的理解是一個問題，不只是因為你可能會做出一道沒有比較利益的甜點，或是在餐廳排隊後大失所望，你或許也會投票支持不適合自己的經濟政策，或是將存款放在錯誤的地方。出於同樣的原因，當你理解經濟學時，可以更了解每週的採購、工作、政客，甚至生活，改善經濟知識能讓你更富有、更健康，也許甚至會更快樂。

因此我們希望本書不只教給你一些經濟學知識，也能鼓舞你更深入了解。讀完本書的你應該了解經濟學的基本結構：供給、需求、通膨、衰退等，但是我們並未談論整個經濟學世界，還沒有觸及賽局理論（Game Theory），這個理論可以解釋一切，從如何贏得一盤棋，到政治家如何避免核子戰爭；也沒有談到發展經濟學，探索如何改善中低收入國家的經濟健全。這些經濟學次領域都建立在本書介紹的原則之上——效用最大化、需求法則、市場的力量與問題等，同時將它們引導到令人興奮的新方向。

這些次領域表明，經濟學不再只是存在於圖書館積滿灰塵的教科書裡，它越來越融入我們周圍的世界，並從越來越廣泛的平行學科中汲取養分，甚至在我們大學念經濟學時，它的文化就已經改變。如今學習經濟學的管道有很多，像是聽播客、瀏覽社群媒體，或是從書架上挑選越來越普遍的流行經濟學書籍，例如本書。

與此同時，許多最完善的經濟學論點正受到各方挑戰。經濟學需要這些挑戰，為了達成這一點，經濟學需要經濟學家——不只是對喜愛數學，而且姓名後有很多頭銜的經濟學家，還需要業餘經濟學家，因應經濟學專家偶爾會出現的非理性行為（我們也無法免於出現奇怪的動物本能），它需要能打破常規，帶來新想法，擁有不同經驗的經濟學家。

所以合上這本書，讓自己成為更好的經濟學家，你就是經濟，所以有能力塑造它，也被它塑造。一路走來，你或許只是在為每個人創造一個更好的社會。

附錄

五十一個簡單的經濟學問題，本書中都有解答

1. 什麼是經濟學？ **前言**
2. 你為什麼應該在意？ **前言**
3. 本書有什麼幫助？ **前言**

4. 你的決定如何影響經濟？ **第一章**
5. 什麼是需求法則？ **第一章**
6. 為什麼更高的物價可能代表最終會賣出更多東西？ **第一章**
7. 我們所有的東西都是從哪裡來的？ **第一章**
8. 什麼是供給法則？ **第一章**
9. 什麼是市場？ **第一章**

10. 市場總能運作嗎？ **第二章**
11. 為什麼可能只有一家公司在生產某樣東西？ **第二章**
12. 為什麼壟斷有時是可以的？ **第二章**

13. 為什麼經濟會生產過多或過少東西？ **第二章**

14. 我們如何讓經濟生產出適量的東西？ **第二章**

15. 如果人們缺乏做出良好決策必須的資訊，會發生什麼事？ **第二章**

16. 勞動市場是什麼，它是如何運作的？ **第三章**

17. 我為什麼找不到工作？ **第三章**

18. 為什麼我的薪水是這樣？ **第三章**

19. 如何提高我一生的收入？ **第三章**

20. 什麼是經濟成長？ **第四章**

21. 經濟如何成長？ **第四章**

22. 經濟成長總是好事嗎？ **第四章**

23. 專業化是什麼，還有它為什麼重要？ **第五章**

24. 國家為什麼要進行貿易？ **第五章**
25. 貿易過程是否總是一帆風順？ **第五章**

26. 通膨是什麼，又要如何計算？ **第六章**
27. 通膨對社會有什麼影響？ **第六章**
28. 如果通膨過高會發生什麼事？ **第六章**
29. 如果通膨導致這麼多的問題，為什麼不以通貨緊縮為目標？ **第六章**
30. 成本壓力如何推動物價上漲？ **第六章**
31. 需求壓力如何推動物價上漲？ **第六章**

32. 錢何以為錢？ **第七章**
33. 是什麼擔保貨幣供給？ **第七章**
34. 這些錢是從哪裡來的？ **第七章**
35. 我為什麼不能創造自己的貨幣？ **第七章**

36. 貨幣的未來是什麼？ **第七章**

37. 銀行到底在做什麼？ **第八章**
38. 銀行業對經濟成長有何助益？ **第八章**
39. 如果每個人都想拿回所有的存款，會發生什麼事？ **第八章**
40. 為什麼我的錢現在比以前安全？ **第八章**

41. 導致經濟危機的原因是什麼？ **第九章**
42. 經濟危機的代價是什麼？ **第九章**
43. 你如何發現經濟危機的到來？ **第九章**

44. 中央銀行如何使用利率來引導經濟？ **第十章**
45. 「量化寬鬆」到底是什麼？ **第十章**
46. 我們不能多印點鈔票嗎？ **第十章**

致謝

如果沒有一群人的投入、支持和指導，本書無法完成，這真的是一個團隊的努力。

首先也最重要的是，必須感謝安德魯．赫布登（Andrew Hebden）的協調，讓這件事得以進行，沒有他，就不會有你們手上這本書；也非常感謝他的同事，英格蘭銀行公關總監詹姆士．貝爾（James Bell）、塞巴斯蒂安．威爾士（Sebastian Walsh）和麥可．皮科克（Mike Peacock），他們讓英格蘭銀行進入撰寫本書的行列，讓我們有機會成為其中的一員。當然，也要感謝行長貝利，他支持這個計畫，並為此撰寫序言。我們還要特別感謝銀行公民座談小組的成員梅因斯，她坦率地告訴我們，加入這個小組如何改變她對經濟學家和經濟學的看法。

我們要特別感謝出色的編輯羅恩．博徹斯（Rowan Borchers），他耐心地教我們如何寫書；喬安娜．泰勒（Joanna Taylor）與企鵝蘭登書屋（Penguin Random House）團隊的其他成員，他們的專業知識和奉獻精神，自始至終都是無價的；還要感謝本行的代理人，PFD的亞當．岡布雷特（Adam Gauntlett），謝謝他當初牽起我們與企鵝團隊的聯繫。

我們有幸在本行與身邊最聰明的經濟學家合作，更幸運的是，其中許多人如此慷慨，付出時間和專業知識幫助形塑本書。我們引用許多同事的專業知識，勾勒出最重要的內容。他們還分享許多最有趣的例子與文化參考的方向，讓這些素材充滿活力。因此如果你喜歡我們的任何個案研究，甚至學到一些東西，應該和我們一起感謝：威爾．亞伯（Will Abel）、琳娜．阿納伊（Lena Anayi）、尼可拉斯．巴特（Nicholas Butt）、希夫．喬拉（Shiv Chowla）、魯伯特．德文森—韓弗理（Rupert de Vincent-Humphreys）、艾登．多根（Aydan Dogan）、瑞貝卡．弗里曼（Rebecca Freeman）、湯姆．基（Tom Key）、西蒙．卡比（Simon Kirby）、路易斯．柯卡姆（Lewis Kirkham）、西蒙．洛伊德（Simon Lloyd）、安德列．莫雷拉（Andre Moreira）、道格．倫德勒（Doug Rendle）、哈利．里格（Harry Rigg）、奧斯丁．桑德斯（Austen Saunders）、西蒙．斯科勒（Simon Scorer）、布萊德．史普林格（Brad Speigner）、瑞藍．湯瑪斯（Ryland Thomas）、鮑榮茂．瓦納基爾喬（Boromeus Wanengkirtyo）及卡爾頓．韋伯（Carleton Webb）。

還要感謝事實查核大軍，勤奮地證實（或更正）我們引用的說法和「粗略」的數字，沒有他們，你可能會讀到更多括號，為此要感謝：莉安．奧巴爾（Leanne Aubard）、瑪蒂娜．巴貝托（Martina Babetto）、蘭迪普．貝恩斯（Randip Bains）、詹姆士．貝克（James Barker）、朱利歐．比安奇（Giulio Bianchi）、馬克．貝勒尼斯（Mark Billenness）、法蘭斯・卡西迪（Frances Cassidy）、約瑟夫・奇爾弗斯（Joseph Chilvers）、詹姆士・克雷（James Clay）、薩拉・柯伊（Zara Coe）、凱蘭・柯貝特（Keiran Corbett）、傑姆・戴維斯（Jem Davis）、丹妮拉・多諾何（Daniela Donohoe）、班・達維（Ben Dovey）、尼可・埃德蒙森（Nicole Edmondson）、伊赫桑・費薩爾（Ihsaan Faisal）、卡洛琳・法斯迪克（Caroline Fosdike）、瑪倫・弗路貝爾（Maren Froemel）、法蘭西斯・弗內斯（Frances Furness）、喬・甘利（Joe Ganley）、班・哈瑞斯（Ben Harris）、希馬利・赫特希瓦（Himali Hettihewa）、蘇丹修・潔恩（Sudhanshu Jain）、路易斯・強斯頓（Louise Johnston）、沃爾坎・卡拉博云（Volkan Karaboyun）、班傑明・金（Benjamin King）、瑪蒂娜・克諾波娃（Martina Knopova）、托瑪斯・科塔・克里亞庫（Thomais Kotta Kyriakou）、湯姆・拉佩吉（Tom Lappage）、傑森・李（Jayson Lee）、歐文・洛克（Owen Lock）、柴克瑞・莫里斯—戴爾（Zachary Morris-Dyer）、戴博拉・奧康納（Debra O’Connor）、巴多羅繆・奧蘭（Bartholomew Oram）、阿米拉・奧斯馬尼（Ameera Osmani）、瑪妮莎・帕特爾（Manisha Patel）、安朱姆・佩爾韋茲（Anjum Pervez）、傑瑞・皮姆（Gerry Pimm）、米洛・普朗基特（Milo Plunkett）、凱爾・理查茲（Kyle Richards）、皮爾・山諾（Pierre Sanoner）、伊多・謝

茲（Edo Schets）、哈利・斯里普（Harry Sleep）、凱蒂・泰勒（Katie Taylor）、羅伯特・泰勒（Robert Taylor）、安・圖（Anna To）、湯姆斯・維加斯（Thomas Viegas）、迪蘭・維斯瓦姆巴蘭（Dylan Viswambaran）、凱・沃克（Kai Walker）、多納・威斯登（Donna Western）、蘇菲亞・懷賽德（Sofia Whiteside）和克里斯多福・懷爾德（Christopher Wilder）。

在整個過程中，我們從與同事和朋友的交談中受益匪淺，他們的專家眼光和直覺，讓我們知道自己何時陷入沉悶與學術之中，感謝你們把我們帶回現實世界：亞當・巴洛（Adam Barlow）、大衛・鮑姆斯拉格（David Baumslag）、麥克・貝內特（Michael Bennett）、莎拉・布里登（Sarah Breeden）、理查・巴布特（Richard Button）、馬修・查維茲（Matthieu Chavaz）、查理・戴斯—杭特（Charlie Dyos-Hunter）、安德魯・金伯（Andrew Gimber）、拉什米・哈里莫漢（Rashmi Harimohan）、理奇・哈里森（Rich Harrison）、瑪姬・伊林沃斯（Maggie Illingworth）、班・金（Ben King）、莉姬・洛維特（Lizzie Levett）、詹姆士・蒙蒂・德畢索得（James Montille de Bizouard）、伊莎貝爾・桑琪絲（Isabel Sanchez）、芮安農・索沃布茲（Rhiannon Sowerbutts）和莫・瓦茲（Mo Wazzi）。

最後，謝謝你們願意花時間閱讀本書，希望你覺得本書有趣，甚至還有點好玩。

參考文獻

前言

1. 'Public houses and bars, licensed clubs, licensed restaurants, unlicensed restaurants and cafes, and takeaway and food stands, London, 2001 to 2020', www.ons.gov.uk.
2. 'Sea level rise in London, UK', www.open.edu, 4 February 2020.
3. 斯密描述自己是道德哲學家（moral philosopher），他在格拉斯哥大學（University of Glasgow）教授這門課。事實上，經濟學家（economist）這個詞彙在當時並不存在。
4. 'The art and science of economics at Cambridge', www.economist.com, 24 December 2016.
5. 'Change is needed in the next generation of economists', www.ft.com, 4 October 2021.
6. 經濟學是經濟科學（economic science）的縮寫，實際上，此時經濟學這個詞彙才開始普遍使用。
7. 'A First Look at the Kalman Filter', julia.quantecon.org.
8. 想更深入了解，參見凱特．拉沃斯（Kate Raworth）針對「甜甜圈經濟學」所做的出色（且美味）的研究。拉沃斯著，范寬堯、溫春玉譯，《甜甜圈經濟學：破除成長迷思的七個經濟新思考》（*Doughnut Economics: Seven Ways to Think Like a 21st-Century Economist*），今周刊，二〇二〇年六月。
9. 'ING-Economics Network Survey of the Public's Understanding of Economics', www.economicsnetwork.ac.uk, May 2017.

10. 'Public Understanding of Economics and Economic Statistics', www.escoe.ac.uk, 25 November 2020.
11. www.annamarialusardi.com, 30 October 2020.
12. Rethinking Economics Survey, yougov.co.uk, 2016.
13. 霍爾丹的演講「每日經濟學」（Everyday Economics），二〇一七年十一月二十七日，講稿參見 https://www.bankofengland.co.uk/-/media/boe/files/speech/2017/everyday-economics.pdf。
14. 隨著各種統一的發生，隨後更廣泛地擴展到英國。
15. 'The history and the founding of the Bank of England', www.bankofengland.co.uk.
16. 蒙塔古・諾曼（Montagu Norman）在霍爾丹的演講「三十年的痛苦沒有阻礙我追夢」（Thirty years of hurt, never stopped me dreaming）中被引用的發言，二〇二一年六月三十日，講稿參見 https://www.bankofengland.co.uk/speech/2021/june/andy-haldane-speech-at-the-institute-for-government-on-the-changes-in-monetary-policy。
17. 你可以透過這個網站參與：www.bankofengland.co.uk/get-involved。
18. 我們也不相信自己已經那麼老了。

第一章

1. 是的，我知道，我們也為此興奮不已。

2. 'Spending decisions that show our limitations', www.ft.com, 6 April 2018.
3. 'Happy hour specials boost alcohol sales', www.bevindustry. com, 17 October 2018.
4. 更希望你不在倫敦。
5. 嚴格來說，彈性是指價格的百分比變動，這使我們的塑膠袋個案變得複雜，因為從零開始的價格變動是一個無限大的百分比。不過，關於價格的微小變動導致行為發生巨大變化的觀點是成立的。
6. 'Drug goes from $13.50 a tablet to $750, overnight', *New York Times*, 20 September 2015.
7. 'The price elasticity of demand for cigarettes in the UK, 2001–2011', academic.oup.com, 1 October 2013.
8. 'Smoking and Health: Report of the Advisory Committee to the Surgeon General of the Public Health Service', www.cdc.gov, 11 January 1964.
9. 'Statistics on Smoking – England 2019', digital.nhs.uk, 2 July 2019.
10. 'Comparison of trends of self-reported consumption and sales in England, 2011 to 2018', jamanetwork.com, 28 August 2019.
11. 雖然香菸也變貴了。
12. 'Meat consumption per capita'，談論關於肉類消費與氣候變遷的關聯，Guardian Datablog, 2016.

13. 'How China could change the world by taking meat off the menu', Time.com, 22 January 2021.
14. 'Does everyone really order the second-cheapest wine?', Alex Mayyasi, www.atlasobscura.com, 3 May 2018.
15. 馬歇爾著，葉淑貞譯，《經濟學原理（上）（下）》（*Principles of Economics*），五南，二〇一一年二月。
16. 'Giffen Behavior and Subsistence Consumption', www.aeaweb.org, 4 September 2008.
17. Milton Friedman, 'A Friedman doctrine – the social responsibility of business is to increase its profits', *New York Times*, 13 September 1970.
18. 'All eyes on shale as $50 oil makes U.S. wells profitable again', www.bloomberg.com, 28 January 2021.
19. 'Euro 2020 final tickets offered for £70,000 per pair for England's clash with Italy', www.thesun.co.uk, 11 July 2021.
20. 諾貝爾經濟學獎得主貝克曾表明，結婚的決定可以被描述為一個市場，在這個市場中，人們的目標是最大化未來的產出，並利用專業化的勞動力。在這種情況下，愛的功能是降低交易和監控生產成本，從而產生更有成效的結果。好吧！你可以試試在情人節卡片寫上這段話。
21. 斯密著，謝宗林、李華夏譯，《國富論》，先覺，二〇〇〇年八月。

第二章

1. 'The Tragedy of the Commons', Garrett Hardin, *Science*, Vol. 162, 13 December 1968.
2. George Box, *Empirical Model Building and Response Surfaces* (Wiley-Blackwell, 1986).
3. 斯密著，謝宗林、李華夏譯，《國富論》，先覺，二〇〇〇年八月。
4. 'Vaccine monopolies make cost of vaccinating the world against COVID at least 5 times more expensive than it could be', www.oxfam.org, 29 July 2021.
5. 'Most popular social networks worldwide as of July 2021, ranked by number of active users', www.statista.com, 16 November 2021.
6. 學費政策依英國的各個區域與學生原籍國而有所不同，例如在撰寫本書時，住在蘇格蘭的學生若是留在蘇格蘭學習，即可獲得大學學費減免。
7. 'What's a degree got to do with it? The civic engagement of associate's and bachelor's degree holders', Mallory Angeli Newell, *Journal of Higher Education Outreach and Engagement*, Vol. 18, No. 2, June 2014; and 'The relationship between graduates and economic growth across countries', Department for Business, Innovation & Skills, Research Paper No. 110, August 2013.
8. 'UK dependency on fossil fuels 1970–2020', www.statista.com, 8 September 2021.
9. 'Carbon footprint of electricity generation', Postnote update number 383, Houses of Parliament, June

2011.
10. 我們馬上就會挑戰這個觀點。
11. 與配額一樣，在實際情境中很難得到準確的數字。
12. 'How do emissions trading systems work?', www.lse.ac.uk, 11 June 2018.
13. 'The Market for Lemons', George Akerlof, *Quarterly Journal of Economics*, August 1970.
14. 'Amazon deletes 2,000 reviews after evidence of profits for posts', www.ft.com, 4 September 2020.
15. 有時不像經濟學。

第三章

1. 'The impact of the Mariel Boatlift on the Miami Labor Market', *Industrial and Labor Relations Review*, Vol. 43, No. 2, www.jstor.org, January 1990.
2. 'Women's employment', ourworldindata.org, March 2018.
3. 'Vacancies by industry', www.ons.gov.uk, 16 November 2021.
4. 'The Relation between unemployment and the rate of change of Money Wage Rates in the United Kingdom, 1861–1957', A. W. Phillips, www.jstor.org, November 1958.
5. 抱歉，傑克。

6. 'The degrees that make you rich … and the ones that don't', Jack Britton, Institute for Fiscal Studies, www.ifs.org.uk,17 November 2017.
7. 'The Career Effects of Graduating in a Recession', www.nber.org, 11 November 2006.

第四章

1. 'Car ownership in Great Britain', David Leibling, RAC Foundation, Figure 2, p. 4, www.racfoundation.org, October 2008; '1970 vs 2010: 40 years when we got older, richer and fatter', Michael McCarthy, *The Independent*, www.independent.co.uk, 23 September 2015.
2. 經濟學家說「以今日的價格」真正的意義，參見第六章，Office for National Statistics, 'Average household income, UK: financial year 2020', Figure 2, www.ons.gov.uk.
3. 'Poverty, wealth and place in Britain, 1968 to 2005', Table 8, p. 16, 約瑟夫・朗特利基金會（Joseph Rowntree Foundation），www.jrf.org.uk。
4. 'A millennium of macroeconomic data', www.bankofengland.co.uk.
5. 'Life expectancy at birth in the UK', data.worldbank.org.
6. 'Remarks at the University of Kansas', Robert F. Kennedy, www.jfklibrary.org, 18 March 1968.
7. 'Changes to National Accounts: Inclusion of Illegal Drugs and Prostitution in the UK National

Accounts', www.ft.com, 29 May 2014.

8. 'The value of adult and childcare, household housing services, nutrition, clothing and laundry, transport and volunteering', www.ons.gov.uk, 2 October 2018.

9. 這個例子參照這本書：瑪里亞娜・馬祖卡托（Mariana Mazzucato）著，鄭煥昇譯，《萬物的價值：經濟體系的革命時代，重新定義市場、價值、生產者與獲利者》（*The Value of Everything: Making and Taking in the Global Economy*），時報出版，二〇二〇年十二月。

10. 'Growth is good for the poor', David Dollar and Aart Kraay, *Journal of Economic Growth*, Vol. 7, No. 3, www.jstor.org, September 2002.

11. 'GDP per capita', 'Life expectancy at birth', 'Mortality rate, infant', data.worldbank.org.

12. 'The world economy over the last two millennia', ourworldindata.org.

13. 'Population total, United States and China', data.worldbank.org.

14. 'Macroeconomic Effects of Japan's Demographics', www.imf.org, 28 November 2018.

15. 'The Effect of Population Aging on Economic Growth, the Labor Force and Productivity', www.nber.org, July 2016.

16. 'U.S. Census Bureau, Population Estimates and Projections, 2020', www.census.gov.

17. 'Labour Force by sex and age', stats.oecd.org; 'World Development Indicators', data.worldbank.org.

18. 'Labour Force by sex and age', stats.oecd.org.
19. 'Women at work, the key to global growth', www.spglobal.com.
20. 張夏準著，胡瑋珊譯，《資本主義沒告訴你的二十三件事：經濟公民必須知道的世界運作真相與因應之道》（*23 Things They Don't Tell You About Capitalism*），天下雜誌，二〇一〇年六月。
21. 'The happiness–income paradox revisited', Richard A. Easterlin, Laura Angelescu McVey, Malgorzata Switek, Onnicha Sawangfa, and Jacqueline Smith Zweig, www.pnas.org, 2010.
22. 'High income improves evaluation of life but not emotional well-being', www.princeton.edu, August 2010.
23. 'Easter Island's Collapse: A Tale of Population Race', sites.uclouvain.be.
24. 'Changes in the global value of ecosystem services', www.sciencedirect.com, May 2014.
25. 'Natural Capital and Environmental Net Gain', www.nic.org.uk, February 2021.
26. 'NGFS climate scenarios for central banks and supervisors', www.ngfs.net, August 2020.
27. 'Full cost of California's wildfires to the US revealed', www.ucl.ac.uk, 7 December 2020.

第五章

1. 這種書櫃在全世界非常受歡迎，彭博（Bloomberg）還為此建立一個Billy書櫃指數（Billy

Bookcase Index），比較不同國家同一種書架的價格。這是一種衡量購買力平價（Purchasing Power Parity, PPP）的方法，衡量你在不同國家用相同的錢可以買到多少東西。

2. 'What are the triathlon "world records" for each distance?', *Triathlon Magazine*, 22 November 2021.
3. 沒有四十公里自行車賽，但目前的紀錄是一小時完成五十五．一公里賽程，換算四十公里為四十三分五十六秒。Taylor Dutch, 'Another world record for Joshua Cheptegei, this time in the 10,000 meters', *Runner's World*, 7 October 2020; 'Men Freestyle World Records', fina.org; 'Cycling's World Hour Record', Bikeraceinfo.com.
4. 斯密著，謝宗林、李華夏譯，《國富論》，先覺，二〇〇〇年八月。
5. 'Results: Tokyo 2020 Olympic Games', triathlon.org, 26 July 2021.
6. 'The dark future for the world's greatest violin-makers', www.bbc.com, 8 July 2020.
7. 'The Silk Roads', www.nationalgeographic.org.
8. John Maynard Keynes, *The Economic Consequences of the Peace*, 1919.
9. 'Trade and Globalization', ourworldindata.org, October 2018.
10. 'Average annual income of employees working for urban nonprivate units in China in 2020', National Bureau of Statistics of China, www.statista.com; 'National Occupational Employment and Wage Estimates United States', www.bls.gov, May 2019.

11. 'World Trade Statistical Review 2021', p. 11, 世界貿易組織，www.wto.org。
12. 'Supplier List', www.apple.com, 2021.
13. 'Globalization in transition: The future of trade and value chains', www.mckinsey.com, 16 January 2019.
14. 'The Multifibre Agreement', www.fibre2fashion.com; 'Statistics on Textiles and Clothing', Eurostat, 2019; Irene Brambilla, Amit Khandelwal and Peter Schott, 'China's Experience under the Multi-Fibre Arrangement (MFA) and the Agreement on Textiles and Clothing (ATC)', National Bureau of Economic Research, 2010.
15. 'Bra Wars and the EU's China syndrome', www.politico.eu, 31 August 2005.
16. 'In focus – Trade protectionism and the global outlook', Monetary Policy Report, www.bankofengland.co.uk, November 2019.
17. 'Traffics, trains and trade; the role of institutions versus technology in the expansion of markets', www.nber.org.
18. 'RCEP: A new trade agreement that will shape global economics and politics', www.brookings.edu, 16 November 2020.
19. 'WTO's World Trade Statistic Review 2021', www.wto.org, Table A23.

20. 'Share of selected countries and regions in cross-border services exports in 2019', www.statista.com, April 2021.

第六章

1. 向科米特（Kermit）致歉。［譯注：《芝麻街》（*Sesame Street*）裡的青蛙。］
2. 甚至還有Freddo目錄，可以查到未來價格預測：www.vouchercloud.com/resources/the-freddo-index。
3. 'How have prices changed over time', www.bankofengland.co.uk.
4. 'What's in every CPI basket around Europe?', www.vouchercloud.com.
5. 'Inflation basket of goods highlights seven decades of changing UL lifestyles', www.theguardian.com, 15 March 2015.
6. 'Making sense of consumers' inflation perceptions and expectations', www.ecb.europa.eu, 2021.
7. 'The Nokia 3310 just turned 20 years old – here's what made it special', www.techradar.com, 1 September 2020; 'Buy iPhone 12', apple.com.
8. 有一個有趣的縮水式通膨例子，現在的英國國家彩券要求玩家從五十九個號碼中選擇，而不是四十九個號碼，從而降低中獎機率。

9. 如果你翻到第八章，會知道除了通膨以外，這是一個壞主意的無數原因。
10. 經濟學家菲利普．卡根（Phillip Cagan）將惡性通膨定義為，價格在一個月內上漲五〇%，相當於一年一三〇〇〇%。比較謹慎的經濟學家設立的門檻較低，接近一年三〇%。
11. ‘The magnitude of menu costs: Direct evidence from large US supermarket chains’, www.jstor.org, August 1997.
12. 我們不認為她會向自己的孫子收取利息。
13. ‘Inflation, annual percentage of consumer prices, OECD total’, stats.oecd.org.
14. ‘The Counter-Revolution in Monetary Theory’, Milton Friedman, 1970.
15. John Maynard Keynes, *A Tract on Monetary Reform* (1923).
16. 他說的其實是拉丁語「Cogito, ergo sum」，但是近日來就連經濟學也知道要避開拉丁文。

第七章

1. ‘The gold standard: revisited’, www.cbc.ca, 27 July 2011.
2. 嚴格來說，是國家鑄幣廠製造的硬幣，但在大規模的計畫中，這些硬幣的作用並不大。
3. 明斯基著，陳儀譯，《穩定不穩定的經濟：明斯基金融危機經典，當代最敏銳的金融資本主義分析》(*Stabilizing An Unstable Economy*),八旗文化,二〇二二年四月。

4. 有些人認為其實是一群人。
5. 這可能是為了驗證區塊的建立日期,但是也很明確。
6. 可能。
7. 這是英格蘭銀行和其他中央銀行在考慮未來貨幣時,權衡取捨的眾多決定之一,沒有必須支付利息的根本原因。

第八章

1. ‘Daughter throws away mattress stuffed with mother’s $1 million life savings’, www.theguardian.com, 10 June 2009.
2. ‘Cash in the Time of Covid’, www.bankofengland.co.uk, 24 November 2020.
3. ‘Lindsey hoard: Coins stashed during Civil War declared treasure’, www.bbc.co.uk, 14 August 2021.
4. ‘Ten years after the financial crisis – two-thirds of British people don’t trust banks’, yougov.co.uk, 29 August 2018.
5. ‘Household income, spending and wealth in Great Britain’, www.ons.gov.uk, October 2020.
6. ‘UK Payment Markets Summary’, www.ukfinance.org.uk, June 2021.

7. Benes and Kumhof, 'The Chicago Plan Revisited', www.imf.org, August 2012.
8. 取而代之的是更溫和的改革，將商業銀行與投資銀行分開，降低存款風險。一九三五年確立這種分離的《銀行法》（Banking Act），也設定現代美國中央銀行聯準會的建立條件。
9. 'The Great Depression: An Overview', www.stlouisfed.org.
10. 不過，有其他人更早運用最後貸款人的角色：亞歷山大・漢密爾頓（Alexander Hamilton，以音樂聞名）在一七〇〇年代後期擔任美國財政部長時就這麼做了。
11. 'The Demise of Overend Gurney', www.bankofengland.co.uk, 2016.
12. 'Last Resort Lending, Market-making and Capital', www.bankofengland.co.uk, 28 May 2009.
13. 'The Effects of Automobile Safety Regulation', Sam Peltzman, *Journal of Political Economy*, 1975, Vol. 83, No. 4, pp. 677–725.
14. 'Road traffic accidents before and after seatbelt legislation', www.ncbi.nlm.nih.gov.
15. 'Anything Worth Doing is Not Necessarily Worth Doing Well', link.springer.com, 31 January 2012.
16. 'Financial Stability Report', www.bankofengland.co.uk, December 2021.

第九章

1. 'I did not stammer when the Queen asked me about the meltdown', Professor Luis Garicano, www.

theguardian.com, 18 November 2008.
2. 'What Caused the Stock Market Crash of 1929 – And What We Still Get Wrong About it', www.time.com, 24 October 1929.
3. 'Stock Market Crash of 1929', www.federalreservehistory.org.
4. 'Employment and unemployment in the 1930s', Robert A. Margo, *Journal of Economic Perspectives*, Vol. 7, No. 2, 1993, pp. 41–9.
5. 'World Population by region', ourworldindata.org.
6. 'Understanding the depth of the 2020 global recession in 5 charts', blogs.worldbank.org, 15 June 2020.
7. 'Breaking a fall', www.economist.com, 16 October 1997.
8. 'GDP growth', data.worldbank.org.
9. *The South Sea Bubble; An Economic History of its Origins and Consequences* (Helen Paul, 2011).
10. 'Review of Economic Bubbles', *International Journal of Information Management*, August 2016.
11. 儘管明斯基的著作在二十世紀都被丟到折扣箱裡，但是在二〇〇七年至二〇〇八年金融危機期間，許多重要經濟學家購買他的書籍，幫助理解正在發生的事。諾貝爾獎得主暨經濟學家保羅·克魯曼（Paul Krugman），甚至將倫敦證券交易所關於金融危機的高調演講，命名為「他們

12. 重讀明斯基的夜晚」（The Night They Re-read Minsky）。
'Newton's financial misadventures in the South Sea Bubble', Andrew Odlyzko, royalsocietypublishing.org, 29 August 2018.

13. 'The Beanie Baby bubble of '99', thehustle.co, 19 May 2018.

14. 'US Stocks Fall 10% in Worst Day Since 1987 crash', www.ft.com, 12 March 2020.

15. 'GDP growth (annual %)', The World Bank, data.worldbank.org.

16. 'The financial crisis at 10: Will we ever recover?', www.frbsf.org, 13 August 2018; 'Measuring the macroeconomic costs and benefits of higher UK bank capital requirements', www.bankofengland.co.uk, 1 December 2015.

17. 'GDP growth (annual %) – Iceland', The World Bank, data.worldbank.org; www.sedlabanki.is.

18. HMV於二〇一三年被專門協助企業重組的希爾科公司（Hilco）收購，今日仍持續營運中。

19. 'Unemployment by age and duration', www.ons.gov.uk; 'Real Wages and Living Standards in the UK', www.cep.lse.ac.uk, 2017.

20. 'Disillusioned bankers quit the City for the rewards of teaching science', www.theguardian.com, 23 November 2008.

21. 'Striking it richer: The evolution of top incomes in the US', eml.berkeley.edu, 2 March 2012.

22. 'Suicides in England and Wales', www.ons.gov.uk, 2021.
23. 'Child mental health in England before and during Covid-19', www.thelancet.com, 11 January 2021.
24. 'Divorces in England and Wales', www.ons.gov.uk, February 2014.
25. 'The Recession. Isn't it romantic?', www.nytimes.com,11 February 2009.
26. 'Don't mention that word', www.economist.com, 28 June 2001.
27. 'Inflation Report, February and November 2007', www.bankofengland.co.uk.
28. 'How well do economists forecast recessions?', www.elibrary.imf.org, 5 March 2018.
29. 'Letter to the Queen from the British Academy', www.ma.imperial.ac.uk, 22 July 2009.

第十章

1. 'Credit and Liquidity Programs and the Balance Sheet', www.federalreserve.gov and www.ecb.europa.eu.
2. 有時會被遺忘但頗具影響力的德國經濟學家西爾維奧．格塞爾（Silvio Gesell），實際上提出一種對紙幣收取利息的制度，亦即對紙幣收取固定費用，否則就會過期，並變得一文不值。這被稱為格塞爾稅（Gesell tax），包括費雪和凱因斯在內的經濟學家，都曾以各種形式進行討論。
3. 歐洲中央銀行，www.ecb.europa.eu，二〇〇三年九月。

4. 日本大部分將新創造的資金用於向銀行購買東西。然而在發生金融危機後，其中一些銀行的處境很糟糕，因此寧願不花錢。在柏南克和其他人發起的改革QE政策中，中央銀行直接向其他人與公司購買，繞過銀行，將資金更直接地投入經濟。
5. 'Bernanke cracks wise; The best QE joke ever!', www.cnbc.com, 16 January 2014.
6. 'Scientists unveil how general anesthesia works', www.sciencedaily.com, 27 April 2020.
7. 稱為PRI—X的通膨衡量標準中，最初的數據目標是二．五%，後來消費者物價通膨（Consumer Price Inflation, CPI）目標更新為二%。
8. 霍爾丹的演講「三十年的痛苦沒有阻礙我追夢」，二〇二一年六月三十日，講稿參見https://www.bankofengland.co.uk/speech/2021/june/andy-haldane-speech-at-the-institute-for-government-on-the-changes-in-monetary-policy。
9. 霍爾丹的演講「通貨膨脹：騎虎難下」（Inflation: A tiger by the tail?），二〇二一年二月二十六日，講稿參見https://www.bankofengland.co.uk/speech/2021/february/andy-haldane-recorded-mini-speech-on-inflation-outlook。
10. 'Fiscal Policy Reconsidered', A. S. Blinder, brookings.edu, 20 May 2016.
11. 這或許不太有趣。
12. 'IMF calls time on austerity – but can Greece survive?', www.bbc.co.uk, 11 October 2012.

結語

1. 作者和梅因斯於二〇二一年十月二十日的訪談。
2. 'Leave voters are less likely to trust any experts – even weather forecasters', yougov.co.uk, 17 February 2017.
3. 'ING – Economics Network Survey of Public Understanding of Economics 2019', www.economicsnetwork.ac.uk, November 2019.
4. 'Public Understanding of Economics and Economic Statistics', www.escoe.ac.uk, November 2020.
5. 'YouGov/Ecnmy Survey Results', yougov.co.uk, May 2017.

新商業周刊叢書 BW0820

為什麼不能一直印鈔票？

英國央行經濟學家用10個日常問題，解答你對經濟現況的疑惑

原文書名／Can't We Just Print More Money?: Economics in Ten Simple Questions
作　　者／英格蘭銀行（The Bank of England）、魯帕．帕特爾（Rupal Patel）、傑克．敏寧（Jack Meaning）
譯　　者／許可欣
企劃選書／黃鈺雯
責任編輯／黃鈺雯
編輯協力／蘇淑君
版　　權／吳亭儀、江欣瑜、顏慧儀
行銷業務／周佑潔、林秀津、林詩富、吳藝佳

國家圖書館出版品預行編目(CIP)數據

為什麼不能一直印鈔票？：英國央行經濟學家用10個日常問題，解答你對經濟現況的疑惑／英格蘭銀行(The Bank of England)，魯帕．帕特爾(Rupal Patel)，傑克．敏寧(Jack Meaning)著；許可欣譯．-- 初版．-- 臺北市：商周出版：英屬蓋曼群島商家庭傳媒股份有限公司城邦分公司發行，2023.05
面；　公分．--（新商業周刊叢書；BW0820）
譯自：Can't we just print more money?：economics in ten simple questions

ISBN 978-626-318-652-1（平裝）

1.CST: 經濟學　2.CST: 經濟社會學

550　　112004479

總編輯／陳美靜
總經理／彭之琬
事業群總經理／黃淑貞
發行人／何飛鵬
法律顧問／台英國際商務法律事務所
出　　版／商周出版　臺北市南港區昆陽街16號4樓
電話：(02)2500-7008　傳真：(02)2500-7759
E-mail：bwp.service@cite.com.tw
發　　行／英屬蓋曼群島商家庭傳媒股份有限公司　城邦分公司
臺北市南港區昆陽街16號8樓
電話：(02)2500-0888　傳真：(02)2500-1938
讀者服務專線：0800-020-299　24小時傳真服務：(02)2517-0999
讀者服務信箱：service@readingclub.com.tw
劃撥帳號：19833503
戶名：英屬蓋曼群島商家庭傳媒股份有限公司城邦分公司
香港發行所／城邦(香港)出版集團有限公司
香港九龍土瓜灣土瓜灣道86號順聯工業大廈6樓A室
電話：(852)2508-6231　傳真：(852)2578-9337
E-mail：hkcite@biznetvigator.com
馬新發行所／城邦(馬新)出版集團
Cite (M) Sdn Bhd
41, Jalan Radin Anum, Bandar Baru Sri Petaling,
57000 Kuala Lumpur, Malaysia.
電話：(603)9057-8822　傳真：(603)9057-6622　email: cite@cite.com.my

封面設計／萬勝安　內文設計暨排版／無私設計・洪偉傑　印刷／鴻霖印刷傳媒股份有限公司
經銷商／聯合發行股份有限公司　電話：(02)2917-8022　傳真：(02) 2911-0053
地址：新北市231新店區寶橋路235巷6弄6號2樓

ISBN／978-626-318-652-1（紙本）　978-626-318-649-1（EPUB）
定價／450元（紙本）　315元（EPUB）

2023年5月初版
2024年6月26日初版4.3刷

城邦讀書花園
www.cite.com.tw

商周出版

廣	告	回	函
北區郵政管理登記證			
北臺字第10158號			
郵資已付，免貼郵票			

10480　台北市民生東路二段141號9樓

英屬蓋曼群島商家庭傳媒股份有限公司城邦分公司　收

請沿虛線對摺，謝謝！

商周出版

書號：BW0820　　書名：為什麼不能一直印鈔票？

請於此處用膠水黏貼

商周出版

讀者回函卡

感謝您購買我們出版的書籍！請費心填寫此回函卡，我們將不定期寄上城邦集團最新的出版訊息。

不定期好禮相贈！
立即加入：商周出版
Facebook 粉絲團

姓名：＿＿＿＿＿＿＿＿＿＿＿＿ 性別：□男 □女

生日：西元＿＿＿＿＿年＿＿＿＿＿月＿＿＿＿＿日

地址：＿＿＿＿＿＿＿＿＿＿＿＿＿＿＿＿

聯絡電話：＿＿＿＿＿＿＿＿＿ 傳真：＿＿＿＿＿＿＿＿＿

E-mail：

學歷：□ 1. 小學 □ 2. 國中 □ 3. 高中 □ 4. 大學 □ 5. 研究所以上

職業：□ 1. 學生 □ 2. 軍公教 □ 3. 服務 □ 4. 金融 □ 5. 製造 □ 6. 資訊
□ 7. 傳播 □ 8. 自由業 □ 9. 農漁牧 □ 10. 家管 □ 11. 退休
□ 12. 其他＿＿＿＿＿＿＿＿＿

您從何種方式得知本書消息？
□ 1. 書店 □ 2. 網路 □ 3. 報紙 □ 4. 雜誌 □ 5. 廣播 □ 6. 電視
□ 7. 親友推薦 □ 8. 其他＿＿＿＿＿＿＿＿＿

您通常以何種方式購書？
□ 1. 書店 □ 2. 網路 □ 3. 傳真訂購 □ 4. 郵局劃撥 □ 5. 其他＿＿＿＿

您喜歡閱讀那些類別的書籍？
□ 1. 財經商業 □ 2. 自然科學 □ 3. 歷史 □ 4. 法律 □ 5. 文學
□ 6. 休閒旅遊 □ 7. 小說 □ 8. 人物傳記 □ 9. 生活、勵志 □ 10. 其他

對我們的建議：＿＿＿＿＿＿＿＿＿＿＿＿＿＿＿＿
＿＿＿＿＿＿＿＿＿＿＿＿＿＿＿＿
＿＿＿＿＿＿＿＿＿＿＿＿＿＿＿＿

請於此處用膠水黏貼